Thomas Lux

Welz

Katalog

Figuren aus Überraschungseiern

Die erste Richtlinie für die Bewertung aller bekannten Sammelfiguren aus Überraschungseiern

Verlag Volker Welz - Essen
ISBN 3-9803125-3-4

Impressum

Druck: Clausen & Bosse, 25917 Leck
(Printed in Germany - Imprimé en Allemagne)

Herausgeber : Volker Welz, Bartlingstr.4, D- 45307 Essen

Verfasser : Thomas Lux

Grafik Design / Illustrationen : Volker Welz

Satz / Typografie : Elke Reiter

Satzbelichtung : Design Studio Wahrmann, 45549 Sprockhövel
Schröder Computer Systeme, 45127 Essen

Lithoherstellung : Lens & Partner, 45307 Essen
Schwill Lithotechnik, 45307 Essen
Hilpert GmbH, 45131 Essen

Fotos : Heike Höftmann

Redaktion / Koordination : Elke Reiter, Volker Welz, Thomas Lux

Vertrieb : Verlag Volker Welz, Bartlingstr.4, D- 45307 Essen

Der größte Teil der abgebildeten Figuren stammt aus der Privatsammlung Thomas Lux, vervollständigt durch einige Leihgaben verschiedener Figurensammler.

2.Auflage
Die Deutsche Bibliothek - CIP-Einheitsaufnahme
Welz-Katalog Figuren aus Überraschungseiern: die erste Richtlinie für die Bewertung aller bekannten Sammelfiguren aus Überraschungseiern; (mit aktuellen Wertangaben) -
Thomas Lux. (Hrsg.: Volker Welz. Fotos: Heike Höftmann).- Essen: Welz, 1993
(Nachschlagewerke für Sammler) ISBN 3-9803125-3-4
NE: Lux, Thomas; Höftmann, Heike; Welz, Volker; Katalog Figuren aus Überraschungseiern

ISBN 3-9803125-3-4

Danksagung des Autors

Ein umfangreiches Nachschlagewerk dieser Art über ein relativ neues Sammelgebiet kann nicht ohne die freundliche Unterstützung anderer Sammler und Interessenten entstehen. Einige Personen und Institutionen sollten darum hier erwähnt werden. Herzlichen Dank an:

- an meine Tochter **PANDORA LUX** aus Gießen, die mich auf die Idee der Tauschbörse gebracht hat und der dieser Katalog gewidmet ist
- den Soziologiestudenten an der Justus-Liebig-Universität und freien Mitarbeiter des Gießener Anzeigers **HANS-JÜRGEN WILHELM** aus Gießen, der den ersten Artikel über die Tauschbörse schrieb
- den Jurastudenten an der Justus-Liebig-Universität und freien Mitarbeiter der Deutschen Presseagentur **CHRISTIAN KAPPESSER** aus Laubach-Wetterfeld, der ein DPA-Feature über die Tauschbörse schrieb
- alle **Zeitungen, Rundfunk- und Fernsehanstalten** für Ihr reges Interesse an der Tauschbörse
- den Verlag **VOLKER WELZ** Kommunikation in Essen, der das Erscheinen des Kataloges ermöglichte
- die Sekretärin **ANTJE SCHÄFER** aus Gießen, für die Hilfe bei den Schreibarbeiten

Ein Dankeschön auch für die Leihgaben zu den Fototerminen und für die wertvolle, freundliche Unterstützung

- der Sammlerfreundin **HILDEGARD PAUL** aus Wallau
- der Sammlerfreundin **ANGELIKA KÖHNE** aus Bornheim-Rösberg
- dem Sammlerfreund **HERBERT MÜLLER** aus Gießen
- dem Sammlerfreund **RUDI PAUL** aus Wallau
- dem Sammlerfreund **MAX PFANNHOLZER** aus Düsseldorf
- dem Sammlerfreund **STEFAN KÖSTNER** aus Neuss

Viel Freude mit dem vorliegenden Welz-Katalog wünscht Ihnen Ihr Sammlerfreund

THOMAS LUX
Überraschungseier-Börsianer
Katalog-Verfasser

Wingertshecke 11
D-35392 Gießen
Tel.: 0641 / 24543

Liebe Sammlerinnen und Sammler!

Ihnen liegt das erste Nachschlagewerk zum Sammelgebiet Figuren und Objekte aus Kinder-Überraschungseiern der Firma Ferrero vor. Als vor gut 20 Jahren in der Osterzeit die ersten Überraschungseier mit Spielzeugen und Miniaturen vertrieben wurden, konnte noch niemand ahnen, daß sich ausgerechnet diese Inhalte Jahre später zu ernsthaften und gesuchten Sammelgegenständen entpuppen würden.

Bis zum heutigen Tage wurden über 1.000 verschiedene Figuren aus Metall und Plastik in ganz Europa herausgegeben. Was für Kinder zwischen 4 und 14 Jahren ein Spielzeug war, wurde dann für viele Erwachsene zur Sammelleidenschaft. Plötzlich lag ganz Deutschland im "Schüttelfieber", denn mit einem lockeren Händchen und einem sensiblen Gehör, kann man den Inhalt der sogenannten "Ü-EIER" schon im Supermarkt identifizieren.

Schnell wurden die Sammelgebiete auf Figuren, Puzzles und Beipackzettel eingegrenzt. Nur wenige Sammler spezialisierten sich auf Spielzeuge und andere Miniaturen aus den Schoko-Eiern. Außerordentlich gefragt sind heute sämtliche Werbemittel zum Thema "Ü-Eier", wie z.B. Plakate, Objekte und Dioramen, die von den Repräsentanten der Firma Ferrero zu Werbezwecken an Großabnehmer vergeben werden sollen. Allerdings gelangen über Umwege auch diese gefragten Objekte an die Sammlergemeinde, dort erzielen insbesondere komplette Dioramen Höchstpreise.

Aber auch ältere Metall- und Plastikfiguren sind sehr beliebt. Da alte Miniaturen noch keine Kennzeichnung trugen, werden leider immer häufiger kleine Figuren aus angeblicher Ferrero-Herstellung angeboten. Nicht selten stammen sie aus der normalen Wundertüte am Kiosk oder aus dem nächsten Spielzeugladen. Wir haben uns bemüht einen informativen, anspruchsvollen und möglichst kompletten Wertkatalog herzustellen, in dem natürlich nur Original-Figuren und Objekte aufgeführt sind. Die Zahl der jemals produzierten Miniaturen, läßt sich jedoch bis heute nicht genau bestimmen. Auf Sammlerbörsen und Flohmärkten tauchen nach wie vor verschiedene Varianten der gesuchten Raritäten auf. Eine Tatsache, die auch den Reiz dieses Sammelgebietes ausmacht.

In diesem Sinne wünsche ich Ihnen bei der Erweiterung Ihrer Sammlung viel Erfolg und hoffe, daß Ihnen dieses Nachschlagewerk dazu eine Hilfe sein wird.

Volker Welz

Wertsteigerungen und Preisnotierungen

Daß Figuren aus Kinder-Überraschungseiern der Firma Ferrero mittlerweile begehrte Sammel- und auch Spekulationsobjekte geworden sind, dürfte sich nicht nur unter den tausenden Sammlern im In- und Ausland herumgesprochen haben.
Da Figuren als Kapitalanlage immer häufiger entdeckt werden, bleiben Preissteigerungen nicht aus. Die Nachfrage nach seltenen, kompletten und gut erhaltenen Figuren ist in den letzten Jahren sprunghaft gestiegen. Auf dem freien Markt wurden schon Anbieterpreise von 700,- DM und mehr für bestimmte Objekte notiert. Seltene Dioramen erzielen heute schon vierstellige Summen. Bei den neueren "Durchschnittsfiguren" sind aufgrund der hohen Auflagenzahlen lediglich kontinuierliche Wertsteigerungen zu beobachten.
Die für den Sammler interessanten Figuren aus Ferrero-Eiern wurden in den letzten 25 Jahren produziert. Die meisten Serien werden später nicht nochmals neu aufgelegt, dadurch ist die Stückzahl limitiert. Preisbewegungen nach unten sind aus diesem Grund kaum registriert worden.
Ein Einstieg in dieses Hobby ist immer noch mit 2,- bis 3,- DM pro Figur möglich, falls man auf den Überraschungseffekt beim Kauf eines Original-Eies verzichten möchte. Auch das Suchen nach einem "Schnäppchen" auf der Sammlerbörse oder dem Flohmarkt, kann sicherlich genauso reizvoll und spannend sein.

Preisnotierungen

Eine veröffentlichte Bewertung bestimmter Sammlerobjekte sehen natürlich alle Spekulanten mit einem lachenden und einem weinenden Auge. So sind die Preisangaben im Katalog aus individueller Sicht (Einkauf - Verkauf), immer zu hoch oder zu niedrig angesetzt. Hand auf's Herz: wer würde nicht gerne seine eigene Figur in einer höheren Preisklasse und zugleich das schon langgesuchte Objekt, welches der Sammlerkollege anbietet, in einer tieferen Preisstaffelung finden?
Eine Bewertung ist in keinem Sammelgebiet einfach und bedarf einer großen Recherche. Die Wertangaben der katalogisierten Figuren und Objekte basieren auf kontinuierlicher und intensiver Marktbeobachtung. Grundlage für die Ermittlung der Preisnotierungen sind Unterlagen von Händlern, Trödlern und Sammlern, sowie Preisausschreibungen auf Börsen und Märkten. In diesem Katalog wurden Werte ermittelt, die sich aus dem Durchschnitt der Redaktion bekannten und getätigten Verkäufen errechnen. Nicht berücksichtigt sind weder Extrem- noch Massen- oder Sammlungsverkäufe. Regional können sich jedoch die Marktwerte nach oben oder unten verlagern. Die Notierungen in diesem Nachschlagewerk beziehen sich immer auf vollständige und gut erhaltene Figuren und Objekte. Beschädigte, verblasste oder unvollständige Miniaturen haben einen geringeren Wert, auf den der Katalog jedoch nicht eingeht. Abschließend gilt aber, daß Sie selbst den Preis eines Sammelobjektes bestimmen. Wieviel Ihnen eine Ü-Eier-Figur wert ist, entscheidet Ihr persönlicher Geschmack.

Katalogeinteilung und Benutzung

Die Redaktion war bemüht alle Figuren und Objekte in einem kompletten und guterhaltenen Zustand für Ablichtungszwecke zu beschaffen. Dies ist uns nicht ganz gelungen, deshalb bitten wir um Verständnis, wenn die eine oder andere Miniatur nicht mit einer Abbildung aufgeführt ist.
Der Maßstab konnte aufgrund der Größenunterschiede nicht immer eingehalten werden. Im Hauptteil des Kataloges sind fast alle beschriebenen Objekte in schwarz / weiß abgebildet. Zusätzlich sind aufgrund ihrer reizvollen Ausstrahlung viele Plastikfiguren im Farbteil in der Mitte des Kataloges aufgeführt. Das Nachschlagewerk unterteilt sich in sieben Kapitel, sortiert nach Serienarten (siehe Inhaltsverzeichnis).

Serie 30

Dschungelbuch (1985)

12 Figuren "Überraschung"

Kaa

Varianten	:	a) langer Hals b) kurzer Hals
Zubehör	:	ohne
Kennung	:	© Walt Disney Productions
Marktwert	:	a) 12,- DM b) 60,- DM
Info	:	Orig. Beipackzettel: 140,- DM

Beispiel eines typischen Infofeldes für Figuren

In jedem Kapitel erkennt man die chronologisch aufgelisteten **Serien** an der fettgedruckten Überschrift. Auch die **Figurenanzahl** und die Herkunft ist angegeben.
Alle einzelnen Objekte sind schließlich in ihrer Untergruppe (z.B. Dschungelbuch) übersichtlich sortiert und beschrieben.
Die Abbildung der Miniatur ist außen am Buchrand neben der textlichen Information plaziert.
Die fettgedruckte Überschrift in kursiv gibt stets den Namen des Objektes an.
In den ersten Zeilen des Informationsfeldes sind bekannte **Varianten** und Farbabweichungen beschrieben.
Da einige Figuren bewegliche oder abnehmbare Teile besitzen, finden Sie in den folgenden Zeilen eine Auflistung des **Zubehörs.**
Neben der **Kennung** ist in vielen Fällen eine Buchstaben- und Ziffernfolge zu sehen, die von der Original-Figur stammt.
In der vorletzten Zeile befinden sich die **Marktwerte** der darüber beschriebenen Arten und Größen der Figuren und Objekte.
Unter **"Info"** folgen in einigen Fällen für den Sammler wichtige Zusatzinformationen, wie z.B. die Preise für den originalen Beipackzettel der behandelten Serie.

Katalogeinteilung und Benutzung

Die Marktwertangaben der ca. 1000 im Katalog behandelten Objekte sind Richtwerte auf DM-Basis, sie legen auch die Wertverhältnisse der Miniaturen untereinander fest. Preisbewegungen nach oben und unten sind aufgrund von Angebot und Nachfrage die Regel, da der Welz-Katalog nur den letzten Stand (Juli 1993) berücksichtigen kann.

Im Katalog sind folgende Abkürzungen gebräuchlich:

©	Copyright	O.Bpz.	Original Beipackzettel
Dio.	Diorama	Orig.	Original
DM	Deutsche Mark	u.	und
Fig.	Einzelfigur	u.a.	und andere
Jhd.	Jahrhundert	usw.	und so weiter
m.	mit	(weitere Abkürzungen bei der Herkunft)	

Bei der Zuordnung der Herkunft werden folgende Stichwörter verwendet:

Überraschung	**(Ü)**	Überraschungseier aus Deutschland
Sorpresa	**(So)**	Überraschungseier aus Italien
Overraskelse	**(Ov)**	Überraschungseier aus Finnland, Norwegen, Schweden, Dänemark und Großbritannien
Surprise	**(Su)**	Überraschungseier aus Spanien, Portugal, Österreich, Schweiz, Belgien, Frankreich, Luxemburg und den Niederlanden (neuerdings auch alle Ostblockländer)
	F	Frühjahr
	H	Herbst

Hinweise zur Herkunft:
Viele Serien wurden nur oder zusätzlich im Ausland vertrieben. In welchen Ländern bestimmte Objekte erschienen sind, verrät das Stichwort. Die Miniaturen müssen allerdings nicht in allen aufgelisteten Ländern vertrieben worden sein.

Hinweis zu den Kennzeichnungen:
Die unter Kennung beschriebene Ziffernfolge kann nur eine Beispiel-Möglichkeit sein. Viele Figuren besitzen verschiedene Kennzeichnungsvarianten, die sich oft nur durch verschiedene Schreibweisen wie Groß- oder Kleinschreibung unterscheiden.

Katalogeinteilung und Benutzung

Objekte wie Dioramen, Maxi-Spielzeuge oder Puzzles haben ein leicht geändertes Informationsfeld.
Zur Erläuterung ist hier das Puzzle "Happy Hippos" aufgeführt. Alle wichtigen Informationen sind auch hier neben den Schlagwörtern zu finden. Dioramen und die Maxi-Serien sind in ähnlicher Form beschrieben. Wir verzichten jedoch an dieser Stelle auf weitere Beispiele aus diesen Bereichen.

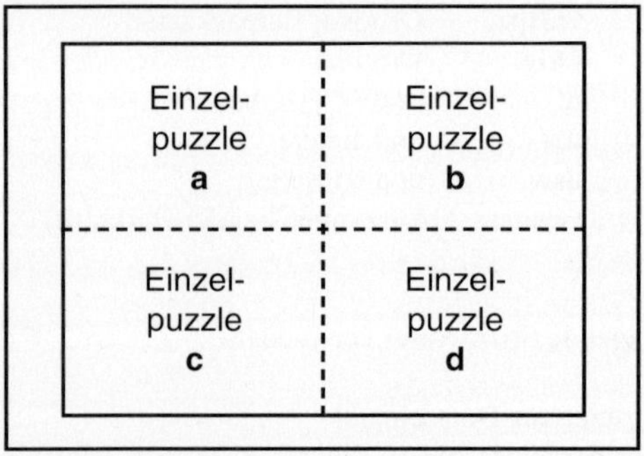

Aufteilung eines Super-Puzzles in vier Einzelpuzzles

Happy Hippos

Umfang	:	4 verschiedene, Einzelpuzzles 15-teilig
Varianten	:	B.-zettel: Öko u. Glanzpapier
Kennung	:	© 1988 FERRERO ARM d) artwork: Atelier ROCHE, Munich
Marktwert	:	25,- DM, Einzelpuzzles 10,- DM, Beipackzettel
Info	:	"Überraschung"

Beispiel eines Infofeldes für Puzzles.

Ein Super-Puzzle besteht aus vier verschiedenen Einzelpuzzles, die im Katalog die Einzelbenennungen **a), b), c), d)** erhalten haben.
Alle Angaben beziehen sich immer auf Einzelpuzzles oder Einzel-Beipackzettel.
Die Abbildung des kompletten 4-teiligen Puzzles ist außen am Buchrand neben der textlichen Information plaziert.
Die fettgedruckte Überschrift in kursiv gibt stets den Namen des Puzzles an.
In den ersten Zeilen des Informationsfeldes ist der **Umfang**, also die Anzahl der Teile aufgeführt.
Manche Einzelpuzzles unterscheiden sich durch kleine Abweichungen der Stanzart oder ähnliches. Diese Informationen sind unter **Varianten** beschrieben.
Neben der **Kennung** ist in vielen Fällen eine Buchstaben- und Ziffernfolge zu sehen, die vom Original-Puzzle stammt. Auch hier sind Varianten möglich.
In der vorletzten Zeile sind die**Marktwerte** der darüber beschriebenen Einzelpuzzles und Beipackzettel notiert.
Unter **"Info"** folgen in vielen Fällen für den Sammler wichtige Angaben wie z.B. die Herkunft des Objektes.

Weitere Hinweise

Liebhaberpreise
sind im Katalog zusätzlich mit einem Richtwert in Klammern versehen. Hier sind genauere Angaben nicht möglich, da entweder die Preisschwankungen sehr hoch sind oder die Objekte extrem selten gehandelt werden.

Beipackzettel (Bpz.)
existieren meistens mit der Abbildung einer kompletten Figurenserie. Beipackzettel von Einzelfiguren werden im Katalog mit dem Zusatz (Fig.) versehen. Die Werte dieser Papierbeilagen sind unter der ersten Figur einer Serie aufgeführt.

Unsere Bitte an die Leser
Sowohl das Redaktions- und Autorenteam, als auch die Mitarbeiter der Setzerei und Druckerei sind nur Menschen, denen auch Fehler unterlaufen können. Bitte haben Sie Verständnis dafür, daß wir Ihre Vorschläge zur möglichen Katalogkorrektur, bezüglich der Irrtümer oder Druckfehler, nur auf dem schriftlichen Wege weiterbearbeiten können. Je kürzer Sie sich fassen, um so schneller kann die Bearbeitung erfolgen. Bei der Einsendung von Fotos kann aus technischen Gründen eine Rücksendung des Bildmaterials nicht gewährleistet werden. Prüfungen und Begutachtungen von Figuren und anderen Objekten dieses Sammelgebietes gehören nicht zu den Aufgaben der Katalogredaktion. Der Verlag ist keine Versand-, Verkaufs- oder Vermittlungsstelle für Miniaturen aus Ü-Eiern. Bezugs- und Tauschadressen sind im Katalog in Form von Anzeigen aufgeführt. Zuschriften adressieren Sie bitte an den Welz Verlag z.Hd. Herrn Lux. Vergessen Sie nicht auf Ihren Schreiben die genaue und deutliche Angabe Ihres Namens mit Adresse und Postleitzahl zu vermerken.

Was für Kinder noch Spielzeuge sind, kann bei Erwachsenen schnell zur Sammelleidenschaft werden. Stolz zeigt die kleine Pandora Lux ihre Setzkästen mit Ü-Eier-Figuren.

Thomas Lux

Welz Katalog Figuren aus Überraschungseiern

Inhaltsverzeichnis

Kapitel - 1 -

Handbemalte Hartplastikfiguren

Serie 01

Gardegrenadiere der englischen Königin

4 Figuren "Überraschung"

Gardegrenadier

Varianten : keine

Zubehör : ohne

Kennung : ohne
Marktwert : 70,- DM
Info :

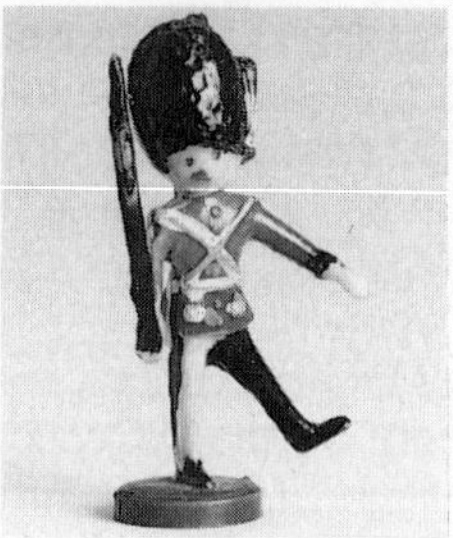

Gardegrenadier mit Gewehr

Varianten : keine

Zubehör : ohne

Kennung : ohne
Marktwert : 75,- DM
Info :

Gardegrenadier m. Gewehr u. Stab

Varianten : keine

Zubehör : ohne

Kennung : ohne
Marktwert : 80,- DM
Info :

Gardegrenadier mit Trompete

Varianten : keine

Zubehör : ohne

Kennung : ohne
Marktwert : 70,- DM
Info :

Serie 02

Trachten

3 Figuren "Überraschung"

Andalusierin

Varianten : keine

Zubehör : ohne

Kennung : ohne
Marktwert : 20,- DM
Info :

Mann mit Korb

Varianten : Korb bemalt und unbemalt

Zubehör : ohne

Kennung : ohne
Marktwert : 20,- DM
Info :

Grieche mit Speer

Varianten : keine

Zubehör : ohne

Kennung : ohne
Marktwert : 30,- DM
Info :

Serie 03

Uniformen

15 Figuren "Überraschung"

Soldat mit Posaune

Varianten : keine

Zubehör : ohne

Kennung : ohne
Marktwert : 50,- DM
Info :

Soldat mit Gewehr und Tornister

Varianten : keine

Zubehör : ohne

Kennung : ohne
Marktwert : 50,- DM
Info :

Soldat mit Säbel und Tornister

Varianten : keine

Zubehör : ohne

Kennung : ohne
Marktwert : 50,- DM
Info :

Soldat mit Trommel

Varianten : keine

Zubehör : ohne

Kennung : ohne
Marktwert : 50,- DM
Info :

Soldat mit Feldstecher

Varianten : keine

Zubehör : ohne

Kennung : ohne
Marktwert : 50,- DM
Info :

Soldal mil Drelspltz

Varianten : keine

Zubehör : ohne

Kennung : ohne
Marktwert : 50,- DM
Info :

Soldat

Varianten : keine

Zubehör : ohne

Kennung : ohne
Marktwert : 50,- DM
Info :

Soldat mit Flaggenstange

Varianten : keine

Zubehör : ohne

Kennung : ohne
Marktwert : 50,- DM
Info :

Soldat mit Horn

Varianten : keine

Zubehör : ohne

Kennung : ohne
Marktwert : 50,- DM
Info :

Soldat mit Gewehr

Varianten : keine

Zubehör : ohne

Kennung : ohne
Marktwert : 50,- DM
Info :

Soldat mit Dreispitz, grüßend

Varianten : keine

Zubehör : ohne

Kennung : ohne
Marktwert : 50,- DM
Info :

Soldat mit Säbel und Uniformjacke

Varianten : keine

Zubehör : ohne

Kennung : ohne
Marktwert : 50,- DM
Info :

Soldat mit Gewehr

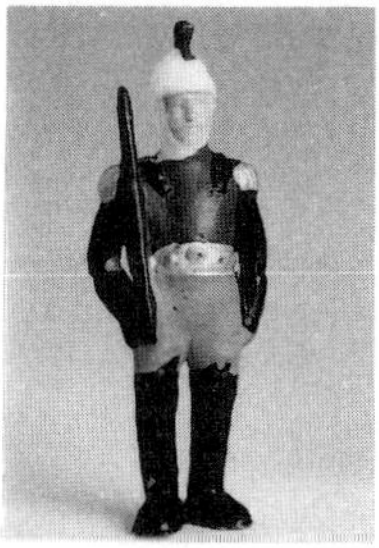

Varianten : keine

Zubehör : ohne

Kennung : ohne
Marktwert : 50,- DM
Info :

Soldat mit Säbel

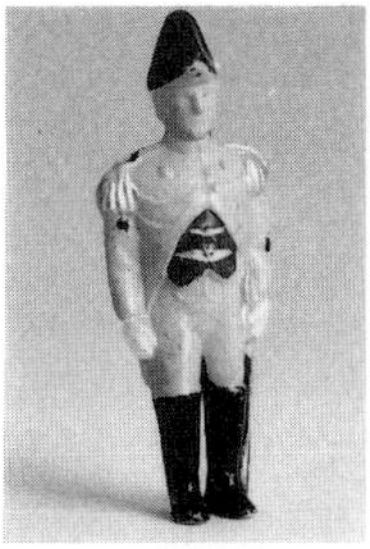

Varianten : keine

Zubehör : ohne

Kennung : ohne
Marktwert : 50,- DM
Info :

Soldat mit Dreispitz und Dokument

Varianten : keine

Zubehör : ohne

Kennung : ohne
Marktwert : 50,- DM
Info :

Serie 04

Berufe

3 Figuren "Überraschung"

Jurist

Varianten : keine

Zubehör : ohne

Kennung : ohne
Marktwert : 60,- DM
Info :

Polizist

Varianten : keine

Zubehör : ohne

Kennung : ohne
Marktwert : 60,- DM
Info :

Feuerwehrmann

Varianten : keine

Zubehör : ohne

Kennung : ohne
Marktwert : 65,- DM
Info :

Serie 05

Astronauten

3 Figuren "Überraschung"

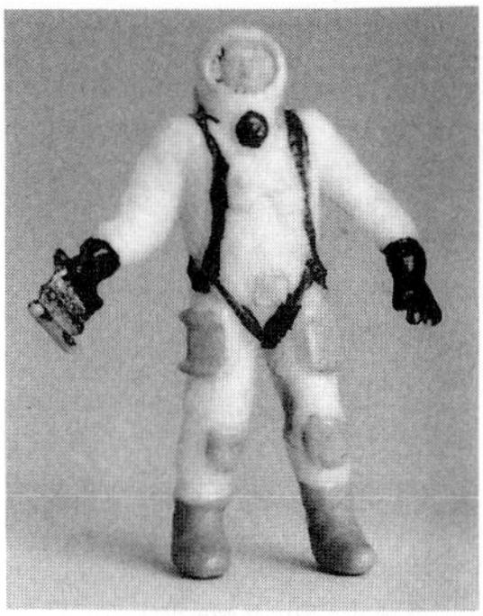

Astronaut

Varianten : a) weiß
b) silber

Zubehör : ohne

Kennung : ohne
Marktwert : a) 40,- DM
b) 30,- DM
Info :

Astronaut mit Metallsucher

Varianten : a) weiß
b) silber

Zubehör : Detektor

Kennung : ohne
Marktwert : a) 40,- DM
b) 30,- DM
Info :

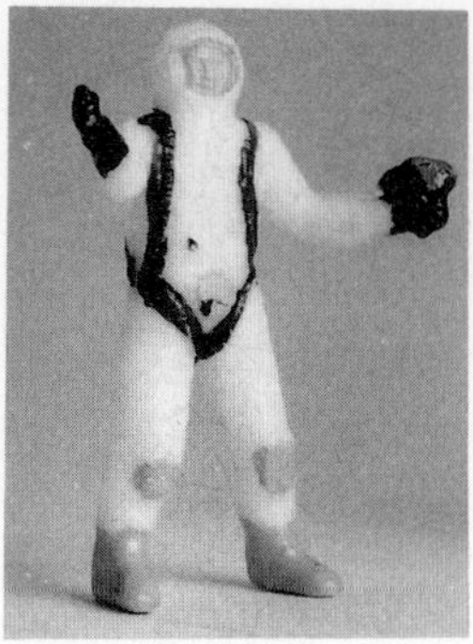

Astronaut

Varianten : a) weiß
b) silber

Zubehör : Rucksack

Kennung : ohne
Marktwert : a) 40,- DM
b) 30,- DM
Info :

Serie 06

Schildkröten I

3 Figuren "Überraschung"

Alligatorschildkröte

Varianten : keine

Zubehör : ohne

Kennung : ohne
Marktwert : 15,- DM
Info :

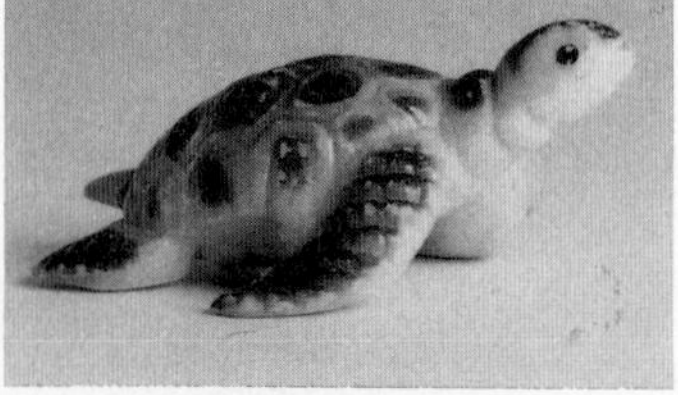

Galapagosschildkröte

Varianten : keine

Zubehör : ohne

Kennung : ohne
Marktwert : 15,- DM
Info :

Diamantschildkröte

Varianten : keine

Zubehör : ohne

Kennung : ohne
Marktwert : 15,- DM
Info :

Serie 07

Schildkröten II

2 Figuren "Überraschung"

Schildkröte, liegend

Varianten : keine

Zubehör : ohne

Kennung : ohne
Marktwert : 15,- DM
Info :

Schildkröte, sitzend

Varianten : keine

Zubehör : ohne

Kennung : ohne
Marktwert : 15,- DM
Info :

Serie 08

Tierfiguren

25 Figuren "Überraschung"

Fuchs

Varianten : mehrere

Zubehör : ohne

Kennung : ohne
Marktwert : 15,- DM
Info :

Eule

Varianten : mehrere

Zubehör : ohne

Kennung : ohne
Marktwert : 15,- DM
Info :

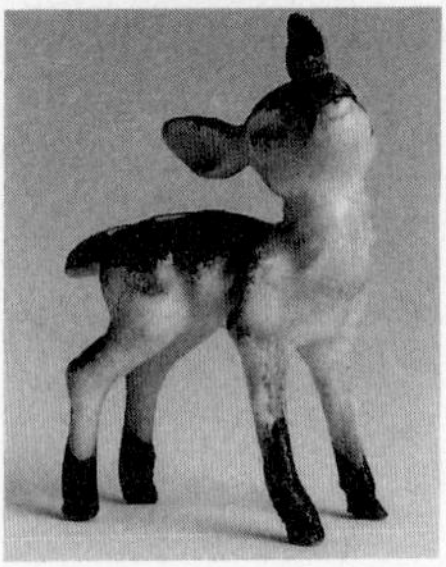

Reh

Varianten : mehrere

Zubehör : ohne

Kennung : ohne
Marktwert : 50,- DM
Info :

Rehkitz

Varianten : mehrere

Zubehör : ohne

Kennung : HONG KONG
Marktwert : 15,- DM
Info :

Iltis

Varianten : mehrere

Zubehör : ohne

Kennung : ohne
Marktwert : 15,- DM
Info :

Frosch

Varianten : mehrere

Zubehör : ohne

Kennung : ohne
Marktwert : 15,- DM
Info :

Otter

Varianten : mehrere

Zubehör : ohne

Kennung : HONG KONG
Marktwert : 15,- DM
Info :

Dachs

Varianten : mehrere

Zubehör : ohne

Kennung : ohne
Marktwert : 15,- DM
Info :

Waschbär, sitzend

Varianten : mehrere

Zubehör : ohne

Kennung : HONG KONG
Marktwert : 15,- DM
Info :

Waschbär, laufend

Varianten : mehrere

Zubehör : ohne

Kennung : ohne
Marktwert : 15,- DM
Info :

Setter

Varianten : mehrere

Zubehör : ohne

Kennung : ohne
Marktwert : 30,- DM
Info :

Schnecke

Varianten : mehrere

Zubehör : ohne

Kennung : ohne
Marktwert : 15,- DM
Info :

Eichhörnchen

Varianten : mehrere

Zubehör : ohne

Kennung : ohne
Marktwert : 50,- DM
Info :

Figur lag bei Redaktionsschluß noch nicht vor

Dackel

Varianten : mehrere

Zubehör : ohne

Kennung : ohne
Marktwert : 30,- DM
Info :

Bernhardiner

Varianten : mehrere

Zubehör : ohne

Kennung : ohne
Marktwert : 30,- DM
Info :

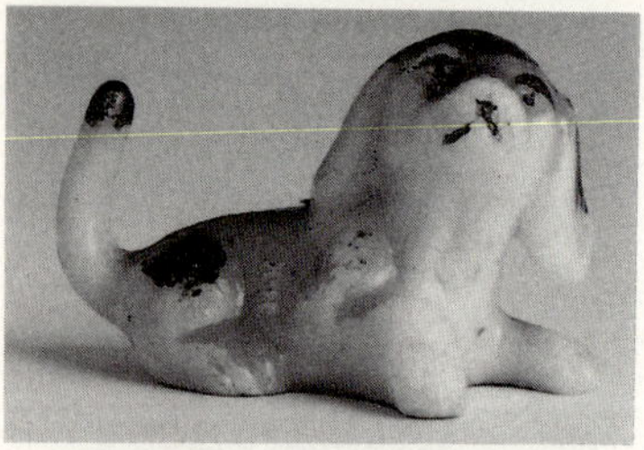

Dogge

Varianten : mehrere

Zubehör : ohne

Kennung : ohne
Marktwert : 30,- DM
Info :

Teckel

Varianten : mehrere

Zubehör : ohne

Kennung : ohne
Marktwert : 30,- DM
Info :

Teckel, liegend

Varianten : mehrere

Zubehör : ohne

Kennung : ohne
Marktwert : 15,- DM
Info :

Teckel, sitzend

Varianten : mehrere

Zubehör : ohne

Kennung : ohne
Marktwert : 30,- DM
Info :

Hase, springend

Varianten : mehrere

Zubehör : ohne

Kennung : ohne
Marktwert : 35,- DM
Info :

Hase, sitzend

Varianten : mehrere

Zubehör : ohne

Kennung : ohne
Marktwert : 15,- DM
Info :

Junger Eisbär

Varianten : mehrere

Zubehör : ohne

Kennung : ohne
Marktwert : 30,- DM
Info :

Foxterrier, liegend

Varianten : mehrere

Zubehör : ohne

Kennung : ohne
Marktwert : 30,- DM
Info :

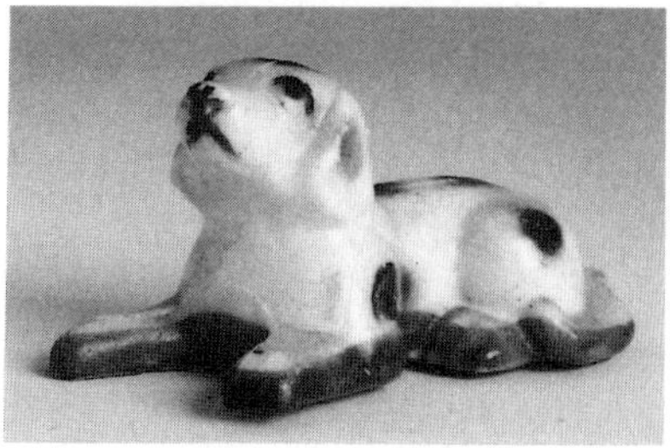

Foxterrier

Varianten : mehrere

Zubehör : ohne

Kennung : ohne
Marktwert : 30,- DM
Info :

Junger Löwe

Varianten : mehrere

Zubehör : ohne

Kennung : ohne
Marktwert : 30,- DM
Info :

Serie 09

Hänsel und Gretel

2 Figuren "Überraschung"

Hänsel

Varianten : mehrere

Zubehör : ohne

Kennung : ohne
Marktwert : 5,- DM
Info :

Gretel

Varianten : mehrere

Zubehör : ohne

Kennung : ohne
Marktwert : 5,- DM
Info :

Serie 10

Alice im Wunderland

2 Figuren "Überraschung"

Alice

Varianten : nicht bekannt

Zubehör : ohne

Kennung : ohne
Marktwert : 80,- DM
Info :

Figur lag bei Redaktionsschluß noch nicht vor

Hase im Frack mit Pfeife

Varianten : keine

Zubehör : ohne

Kennung : MADE IN HONGKONG
Marktwert : 20,- DM
Info :

Serie 11

Indianerkinder

2 Figuren "Überraschung"

Indianermädchen mit Krug

Varianten : keine

Zubehör : ohne

Kennung : ohne
Marktwert : 35,- DM
Info :

Indianerjunge mit Kanu

Varianten : keine

Zubehör : Kanu

Kennung : ohne
Marktwert : a) 35,- DM
b) 80,- DM mit Kanu
Info :

Serie 12

Biedermeierfamilie

3 Figuren "Überraschung"

Mädchen mit Haube

Varianten : keine

Zubehör : ohne

Kennung : ohne
Marktwert : 25,- DM
Info :

Mädchen mit Hauskleid

Varianten : keine

Zubehör : ohne

Kennung : ohne
Marktwert : 30,- DM
Info :

Junge im Schottenlook

Varianten : keine

Zubehör : ohne

Kennung : ohne
Marktwert : 30,- DM
Info :

Serie 13

Saurier

7 Figuren "Überraschung"

Dimetrodon (Pelycosaurus)

Varianten : mehrere
Grundfarbe: orange

Zubehör : ohne

Kennung :
Marktwert : 15,- DM
Info : Perm vor 280 Mio. Jahren,
Beipackzettel nicht bekannt

Allosaurus

Varianten : mehrere
Grundfarbe: gelb transparent

Zubehör : ohne

Kennung :
Marktwert : 35,- DM
Info : Jura vor 170 Mio. Jahren

Tyrannosaurus Rex

Varianten : mehrere
Grundfarbe: eigelb

Zubehör : ohne

Kennung :
Marktwert : 20,- DM
Info : Kreide vor 140 Mio. Jahren

Apatosaurus (Brontosaurus)

Varianten : mehrere
Grundfarbe: gelb transparent

Zubehör : ohne

Kennung :
Marktwert : 15,- DM
Info : Jura vor 150 Mio. Jahren

Triceratops

Varianten : mehrere
Grundfarbe: türkis

Zubehör : ohne

Kennung :
Marktwert : 15,- DM
Info : Kreide vor 140 Mio. Jahren

Stegosaurus

Varianten : mehrere
Grundfarbe: gelb transparent

Zubehör : ohne

Kennung :
Marktwert : 15,- DM
Info : Jura vor 170 Mio. Jahren

Euoplocephalus (Ankylosaurus)

Varianten : mehrere
Grundfarbe: braun

Zubehör : ohne

Kennung :
Marktwert : 15,- DM
Info : Kreide vor 140 Mio. Jahren

Serie 14

Waldtiere (Robin Hood)

4 Figuren "Überraschung"

Wurm (King John)

Varianten : keine

Zubehör : ohne

Kennung : ohne
Marktwert : 20,- DM
Info : Beipackzettel nicht bekannt

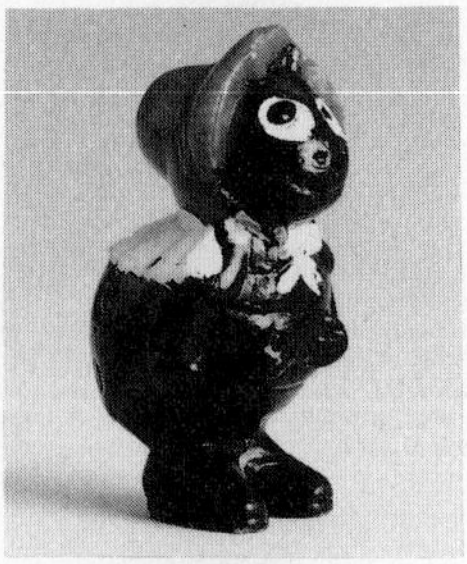

Marienkäfer (Maid Marian)

Varianten : keine

Zubehör : ohne

Kennung : ohne
Marktwert : 20,- DM
Info :

Bär (Little John)

Varianten : keine

Zubehör : ohne

Kennung : ohne
Marktwert : 15,- DM
Info :

Fuchs (Robin Hood)

Varianten : keine

Zubehör : ohne

Kennung : ohne
Marktwert : 15,- DM
Info :

Serie 15

Die Sieben Zwerge

7 Figuren "Überraschung"

Chef

Varianten :

Zubehör : ohne

Kennung : ohne
Marktwert : 25,- DM
Info : Beipackzettel nicht bekannt
Mütze rosa, Jacke rot

Angstbüx

Varianten :

Zubehör : ohne

Kennung : ohne
Marktwert : 20,- DM
Info : Mütze hellblau,
Jacke rot

Hatschi

Varianten :

Zubehör : ohne

Kennung : ohne
Marktwert : 20,- DM
Info : Mütze gelb,
Jacke grün

Schlafmütz

Varianten :

Zubehör : ohne

Kennung : ohne
Marktwert : 30,- DM
Info : Mütze rosa,
Jacke hellblau

Happy

Varianten :

Zubehör : ohne

Kennung : ohne
Marktwert : 20,- DM
Info : Mütze grün,
Jacke rot

Pimel

Varianten :

Zubehör : ohne

Kennung : ohne
Marktwert : 20,- DM
Info : Mütze rot,
Jacke hellblau

Brummbär

Varianten :

Zubehör : ohne

Kennung : ohne
Marktwert : 20,- DM
Info : Mütze grün, Jacke gelb

Serie 16

Bernhard & Bianca

3 Figuren "Überraschung"

Bianca

Varianten : keine

Zubehör : ohne

Kennung : © WALT DISNEY PRODUCTIONS
Marktwert : 20,- DM
Info : Beipackzettel nicht bekannt

Bernhard

Varianten : keine

Zubehör : ohne

Kennung : © WALT DISNEY PRODUCTIONS
Marktwert : 20,- DM
Info :

Albatros

Varianten : keine

Zubehör : ohne

Kennung : © WALT DISNEY PRODUCTIONS
Marktwert : 20,- DM
Info :

Serie17

Gepetto & Pinocchio (1976)

2 Figuren "Überraschung"

Gepetto

Varianten : keine

Zubehör : ohne

Kennung : ohne
Marktwert : 40,- DM
Info : Beipackzettel nicht bekannt

Pinocchio

Varianten : keine

Zubehör : ohne

Kennung : ohne
Marktwert : 20,- DM
Info : Figur in 35 und 40 mm Größe bekannt

Serie 18

Klein Adlerauge und Käpt'n Hook (1977)

2 Figuren "Überraschung"

Käpt'n Hook

Varianten : Gesicht natur oder weiß

Zubehör : ohne

Kennung : ohne
Marktwert : 55,- DM
Info : Beipackzettel nicht bekannt

Klein Adlerauge

Varianten : keine

Zubehör : ohne

Kennung : © WALT DISNEY PRODUCTIONS
Marktwert : 20,- DM
Info : auch ohne Kennung bekannt

Serie 19

Ede Wolf & Wölfchen (1977)

2 Figuren "Überraschung"

Ede Wolf

Varianten : Gesicht natur oder weiß bemalt

Zubehör : ohne

Kennung : © WALT DISNEY
Marktwert : 20,- DM
Info : auch ohne Kennung bekannt, Beipackzettel nicht bekannt

Wölfchen

Varianten : Hose in blau oder rot, Gesicht natur oder weiß bemalt, Zylinder lang oder kurz
Zubehör : ohne

Kennung : © WALT DISNEY
Marktwert : PRODUCTIONS
Info : 20,- DM
auch ohne Kennung bekannt

Serie 20

Micky & Minnie (1977)

2 Figuren "Überraschung"

Micky

Varianten : Hemd in gelb oder rot,
Strümpfe in grün oder weiß,
Schuhe in rot oder schwarz
Zubehör : ohne
Kennung : © WALT DISNEY
PRODUCTIONS
Marktwert : 20,- DM
Info : auch ohne Kennung bekannt,
Beipackzettel nicht bekannt

Minnie

Varianten : Beine weiß oder gelb,
Gesicht natur oder weiß
bemalt
Zubehör : ohne
Kennung : © WALT DISNEY
Marktwert : PRODUCTIONS
Info : 20,- DM
auch ohne Kennung bekannt

Serie 21

Daisy & Oma Duck (1977)

2 Figuren "Überraschung"

Daisy

Varianten	: Schnabel in gelb oder orange, Schleife in rot oder blau
Zubehör	: ohne
Kennung	: © WALT DISNEY PRODUCTIONS
Marktwert	: 20,- DM
Info	: auch ohne Kennung bekannt, Beipackzettel nicht bekannt

Oma Duck

Varianten	: Haare grau oder gelb, Jacke rot oder blau, Gesicht natur oder weiß bemalt
Zubehör	: ohne
Kennung	: © WALT DISNEY PRODUCTIONS
Marktwert	: 20,- DM
Info	: auch ohne Kennung bekannt

Serie 22

Dagobert Duck & Goofy

(1977)

2 Figuren "Überraschung"

Dagobert Duck

Varianten : Schnabel und Schuhe in gelb oder orange

Zubehör : ohne
Kennung : © WALT DISNEY PRODUCTIONS
Marktwert : 20,- DM
Info : auch ohne Kennung bekannt, Beipackzettel nicht bekannt

Goofy

Varianten : Jacke und Hut in blau oder rot, Hose in rot oder blau

Zubehör : ohne
Kennung : © WALT DISNEY PRODUCTIONS
Marktwert : 30,- DM
Info : auch ohne Kennung bekannt

Serie 23

Robin Hood (1978)

6 Figuren "Überraschung"

Robin Hood

Varianten : keine

Zubehör : ohne
Kennung : © WALT DISNEY PRODUCTIONS
Marktwert : 20,- DM
Info : auch ohne Kennung bekannt, Beipackzettel nicht bekannt

Lady Marianne

Varianten : keine

Zubehör : ohne
Kennung : © WALT DISNEY PRODUCTIONS
Marktwert : 20,- DM
Info : auch ohne Kennung bekannt

Bär

Varianten : keine

Zubehör : ohne
Kennung : © WALT DISNEY PRODUCTIONS
Marktwert : 20,- DM
Info : auch ohne Kennung bekannt

Bruder Tuck

Varianten : keine

Zubehör : ohne
Kennung : © WALT DISNEY PRODUCTIONS
Marktwert : 35,- DM
Info : auch ohne Kennung bekannt

Sheriff von Nottingham

Varianten : keine

Zubehör : ohne
Kennung : © WALT DISNEY PRODUCTIONS
Marktwert : 20,- DM
Info : auch ohne Kennung bekannt

Prince John

Varianten : keine

Zubehör : ohne
Kennung : © WALT DISNEY PRODUCTIONS
Marktwert : 20,- DM
Info : auch ohne Kennung bekannt

Serie 24

Asterix (1975)

4 Figuren "Überraschung"

Majestix (Abracoursix)

Varianten : keine

Zubehör : ohne

Kennung : © DARGAUD 75
Marktwert : 15,- DM
Info : Beipackzettel nicht bekannt

Asterix (Astérix)

Varianten : keine

Zubehör : ohne

Kennung : © DARGAUD 75
Marktwert : 60,- DM
Info :

Troubadix (Assurancetourix)

Varianten : keine

Zubehör : ohne

Kennung : © DARGAUD 75
Marktwert : 25,- DM
Info :

Miraculix (Panoramix)

Varianten : keine

Zubehör : ohne

Kennung : © DARGAUD 75
Marktwert : 20,- DM
Info :

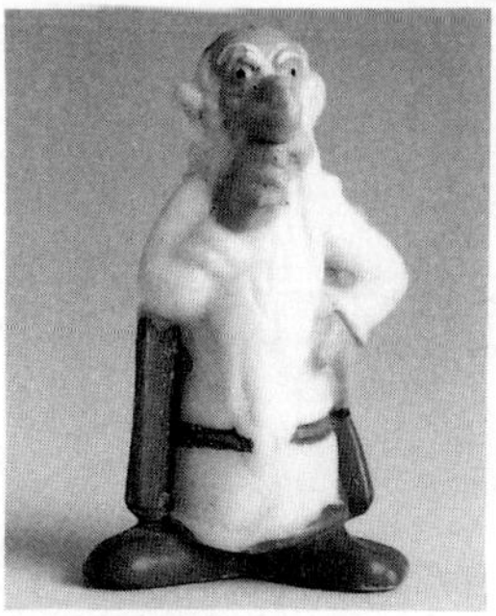

Serie 25

Walt Disney Figuren

6 Figuren "Überraschung"

Trommler mit Dreispitz

Varianten : keine

Zubehör : ohne

Kennung : ohne
Marktwert : 15,- DM
Info : Beipackzettel nicht bekannt

Pfeiffer

Varianten : keine

Zubehör : ohne

Kennung : ohne
Marktwert : 15,- DM
Info :

Trommler mit Mütze

Varianten : keine

Zubehör : ohne

Kennung : ohne
Marktwert : 15,- DM
Info :

Granny

Varianten : keine

Zubehör : ohne

Kennung : ohne
Marktwert : 45,- DM
Info :

Clown Otto

Varianten : keine

Zubehör : ohne

Kennung : ohne
Marktwert : 20,- DM
Info :

Hans im Glück

Varianten : keine

Zubehör : Gans

Kennung : ohne
Marktwert : 60,- DM
Info :

Serie 26

Super-Mini-Schlumpf-Parade

Erkennst Du Deinen Schlumpf? (1980)

12 Figuren "Überraschung"

Schwatzschlumpf

Varianten : Telefon gelb oder braun

Zubehör : ohne

Kennung : Schlümpfe © Peyo
Marktwert : 3,- DM
Info : Orig. Beipackzettel: 150,- DM

Nachtwächter

Varianten : keine

Zubehör : ohne

Kennung : Schlümpfe © Peyo
Marktwert : 3,- DM
Info :

Musikus

Varianten : gelbe Flöte in transparent oder volltönig

Zubehör : Flöte meist eingeklebt in lang und kurz
Kennung : Schlümpfe © Peyo
Marktwert : 25,- DM
Info :

Träumer

Varianten : keine

Zubehör : 5-blättrige, rote Blume im Mund, meist eingeklebt
Kennung : Schlümpfe © Peyo
Marktwert : 5,- DM
Info :

Schlafmütze

Varianten : keine

Zubehör : ohne

Kennung : Schlümpfe © Peyo
Marktwert : 3,- DM
Info :

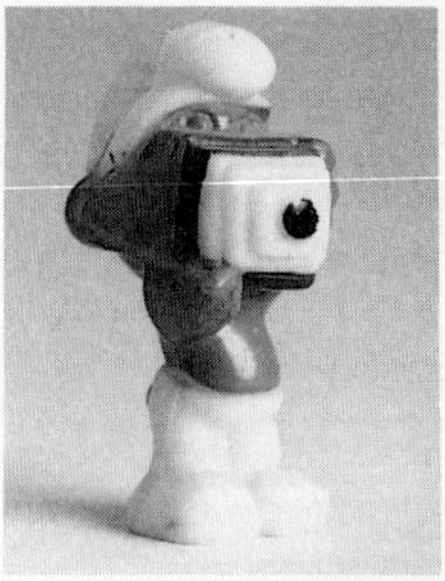

Touristenschlumpf

Varianten : keine

Zubehör : ohne

Kennung : Schlümpfe © Peyo
Marktwert : 3,- DM
Info :

Oberschlumpf

Varianten : Bart rot oder weiß bemalt

Zubehör : ohne

Kennung : Schlümpfe © Peyo
Marktwert : 5,- DM
Info :

Kicherschlumpf

Varianten : keine

Zubehör : ohne

Kennung : Schlümpfe © Peyo
Marktwert : 3,- DM
Info :

Limoschlumpf

Varianten : keine

Zubehör : ohne

Kennung : Schlümpfe © Peyo
Marktwert : 3,- DM
Info :

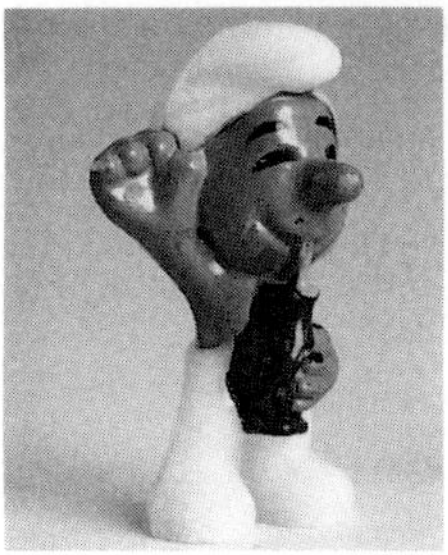

Schleckermäulchen

Varianten : keine

Zubehör : ohne

Kennung : Schlümpfe © Peyo
Marktwert : 3,- DM
Info :

Der Schüchterne

Varianten : keine

Zubehör : Blumenstrauß mit roten, 5-blättrigen Blumen
Kennung : Schlümpfe © Peyo
Marktwert : 30,- DM
Info :

Eitelkeitsschlumpf

Varianten : keine

Zubehör : roter Handspiegel

Kennung : Schlümpfe © Peyo
Marktwert : 25,- DM
Info :

Serie 29

Der kleine Kobold Pumuckl als ...

Welchen hast Du gefunden? (1984)
10 Figuren "Überraschung"

Liegender

Varianten : keine

Zubehör : ohne

Kennung : Buchagentur © 1984
Marktwert : 6,50 DM
Info : Orig. Beipackzettel: 140,- DM

Handwerker

Varianten : Hammer blau oder braun

Zubehör : ohne

Kennung : Buchagentur © 1984
Marktwert : 7,50 DM
Info :

Regenkobold

Varianten : Schirmstock in hell- oder dunkelbraun

Zubehör : dunkelgrüner Schirm, steckbar

Kennung : Buchagentur © 1984
Marktwert : 150,- DM
Info :

Besserwisser

Varianten : keine

Zubehör : ohne

Kennung : Buchagentur © 1984
Marktwert : 6,- DM
Info :

Lustiger Musikant

Varianten : Geige hell- oder dunkelbraun

Zubehör : ohne

Kennung : Buchagentur © 1984
Marktwert : 10,- DM
Info :

Tollpatsch

Varianten : Farbtopf in blau oder braun

Zubehör : ohne

Kennung : Buchagentur © 1984
Marktwert : 7,- DM
Info :

Unschuldiger

Varianten : keine

Zubehör : ohne

Kennung : Buchagentur © 1984
Marktwert : 6,- DM
Info :

Nimmersatt

Varianten : Löffel hell- oder dunkelbraun

Zubehör : ohne

Kennung : Buchagentur © 1984
Marktwert : 8,- DM
Info :

Feinschmecker

Varianten : keine

Zubehör : ohne

Kennung : Buchagentur © 1984
Marktwert : 7,- DM
Info :

Blumenfreund

Varianten : keine

Zubehör : ohne

Kennung : Buchagentur © 1984
Marktwert : 6,- DM
Info :

Serie 27

Olympiade der Schlümpfe

(1983)

8 Figuren "Überraschung"

Eierlauf-Schlumpf

Varianten : keine

Zubehör : dunkelbrauner Löffel, ovales rotes Ei
Kennung : © PEYO 1983 EL FERRERO
Marktwert : Liebhaberpreis 300,- bis 700,- DM
Info : Orig. Beipackzettel: 100,- DM

Hüpf-Schlumpfinchen

Varianten : keine

Zubehör : rotes Springseil

Kennung : © PEYO 1983 EL FERRERO
Marktwert : Liebhaberpreis 120,- bis 280,- DM
Info :

Such-Schlumpf

Varianten : keine

Zubehör : ohne

Kennung : © PEYO 1983 FERRERO EL
Marktwert : 3,- DM
Info :

Sackhüpf-Schlumpf

Varianten : keine

Zubehör : ohne

Kennung : © PEYO / EL FERRERO
Marktwert : 3,- DM
Info :

Negerkuß-Schlumpf

Varianten : keine

Zubehör : dunkelbraune Negerkußhälfte

Kennung : © PEYO 1983 EL FERRERO
Marktwert : 25,- DM
Info :

Schiri-Schlumpf

Varianten : keine

Zubehör : ohne

Kennung : © PEYO 1983 FERRERO EL
Marktwert : 3,- DM
Info :

Stelzen-Schlumpf

Varianten : keine

Zubehör : 2 dunkelbraune Stelzen

Kennung : © PEYO 1983 EL
Marktwert : Liebhaberpreis
300,- bis 700,- DM
Info :

Hüpfball-Schlumpf

Varianten : keine

Zubehör : ohne

Kennung : © PEYO / EL FERRERO
Marktwert : 3,- DM
Info :

Rotes Ei, brauner Löffel

Info : Auch als Fälschung bekannt. Das Ei ist heller, wachsartig und glänzender als das Original-Ei.
Der Löffel hat dünneren und kleineren Griff als der Original-Löffel.
Die Abbildung zeigt die Originale.

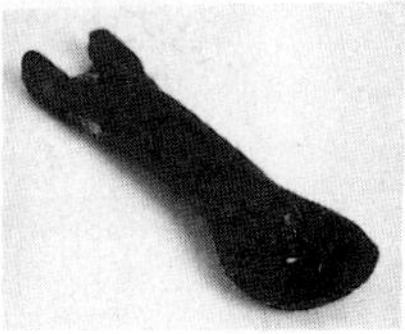

Hüpfseil

Info : Auch als Fälschung bekannt. Es ist heller und runder als das Original-Hüpfseil.
Die Abbildung zeigt das Original.

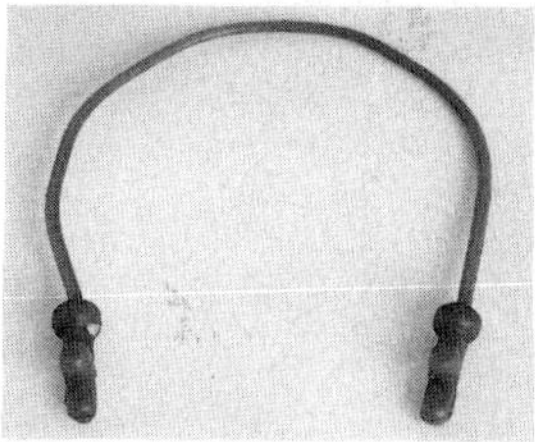

Stelzen

Info : Auch als Fälschung bekannt. Sie sind weniger ribbelig als die Original-Stelzen, haben zwei Nähte und die Stege von der Gußform fehlen.
Die Abbildung zeigt die Originale.

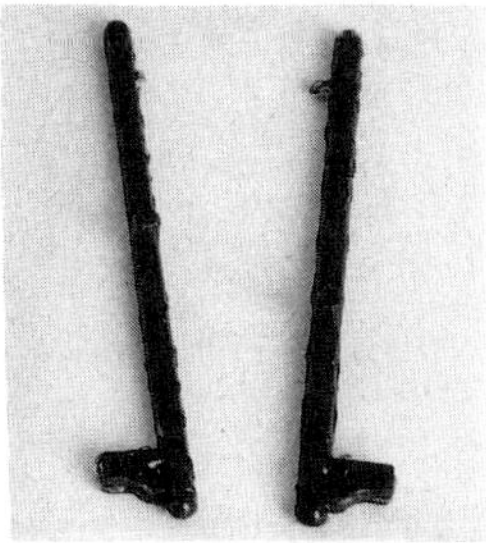

Serie 28

Tao Tao und seine Freunde im Tao Tao Tal (1984)

12 Figuren "Überraschung"

Tao Tao

Varianten : Augen klein oder groß, Augen weiß oder grau

Zubehör : ohne

Kennung : © 1984 Apollo Film FERRERO

Marktwert : 4,- DM

Info : Orig. Beipackzettel:100,- DM

Affenmutter Chon Chon

Varianten : Figur in ocker oder hellbraun

Zubehör : ohne

Kennung : © 1984 Apollo Film

Marktwert : 4,- DM

Info :

Häschen Puuh

Varianten : keine

Zubehör : ohne

Kennung : © 1984 Apollo Film

Marktwert : 4,- DM

Info :

Eichhörnchen Purpur

Varianten : Figur in ocker oder hellbraun

Zubehör : ohne

Kennung : © 1984 Apollo Film
Marktwert : 4,- DM
Info :

Löwe

Varianten : keine

Zubehör : ohne

Kennung : © 1984 Apollo Film
Marktwert : 4,- DM
Info :

Häschen Puuh

Varianten : keine

Zubehör : ohne

Kennung : © 1984 Apollo Film
Marktwert : 4,- DM
Info :

Pandamutter

Varianten : Augen klein oder groß,
Augen weiß oder grau

Zubehör : ohne
Kennung : © 1984 Apollo Film
FERRERO
Marktwert : 4,- DM
Info :

Äffchen Kiki

Varianten : Figur in ocker oder hellbraun

Zubehör : ohne

Kennung : © 1984 Apollo Film
Marktwert : 4,- DM
Info :

Braunbär

Varianten : keine

Zubehör : ohne

Kennung : © 1984 Apollo Film
Marktwert : 4,- DM
Info :

Tao Tao

Varianten : Augen klein oder groß,
Augen weiß oder grau

Zubehör : ohne
Kennung : © 1984 Apollo Film
FERRERO
Marktwert : 4,- DM
Info :

Äffchen Kiki

Varianten : Figur in ocker oder hellbraun

Zubehör : ohne

Kennung : © 1984 Apollo Film
Marktwert : 4,- DM
Info :

Tao Tao

Varianten : Augen klein oder groß,
Augen weiß oder grau

Zubehör : ohne
Kennung : © 1984 Apollo Film
FERRERO
Marktwert : 4,- DM
Info :

Serie 30

Dschungelbuch (1985)

12 Figuren "Überraschung"

Kaa

Varianten : a) langer Hals
b) kurzer Hals

Zubehör : ohne

Kennung : © Walt Disney Productions
Marktwert : a) 12,- DM
b) 60,- DM
Info : Orig. Beipackzettel: 140,- DM

Shir Khan

Varianten : keine

Zubehör : ohne

Kennung : © Walt Disney Productions
Marktwert : 6,- DM
Info :

Baghira

Varianten : keine

Zubehör : ohne

Kennung : © WALT DISNEY PROD
Marktwert : 15,- DM
Info :

Mogli

Varianten : keine

Zubehör : ohne

Kennung : © Walt Disney Productions
Marktwert : 20,- DM
Info :

Diener

Varianten : keine

Zubehör : ohne

Kennung : © Walt Disney Productions
Marktwert : 6,- DM
Info :

Geier

Varianten : keine

Zubehör : ohne

Kennung : © WALT DISNEY PROD
Marktwert : 6,- DM
Info :

King Louis

Varianten : keine

Zubehör : ohne

Kennung : © Walt Disney Productions
Marktwert : 6,- DM
Info :

Balu

Varianten : keine

Zubehör : ohne

Kennung : © Walt Disney Productions
Marktwert : 6,- DM
Info :

Mogli

Varianten : keine

Zubehör : ohne

Kennung : © Walt Disney Productions
Marktwert : 25,- DM
Info :

General Hati

Varianten : keine

Zubehör : ohne

Kennung : © W.D.P.
Marktwert : 6,- DM
Info :

Baghira

Varianten : keine

Zubehör : ohne

Kennung : © WALT DISNEY PROD
Marktwert : 20,- DM
Info :

Kleiner Elefant

Varianten : keine

Zubehör : ohne

Kennung : © WALT DISNEY PROD
Marktwert : 10,- DM
Info :

Serie 31

Happy Frogs (1985)

Die 8 lustigsten Frösche der Welt
8 Figuren "Überraschung"

Big Boss

Varianten : Figur in hell- oder dunkelgrün

Zubehör : ohne

Kennung : ohne
Marktwert : 4,- DM
Info : Orig. Beipackzettel: 120,- DM

Frechdachs

Varianten : Figur in hell- oder dunkelgrün

Zubehör : ohne

Kennung : ohne
Marktwert : 4,- DM
Info :

Träumer

Varianten : Figur in hell- oder dunkelgrün

Zubehör : ohne

Kennung : ohne
Marktwert : 4,- DM
Info :

Pfiffikus

Varianten : Figur in hell- oder dunkelgrün

Zubehör : ohne

Kennung : ohne
Marktwert : 4,- DM
Info :

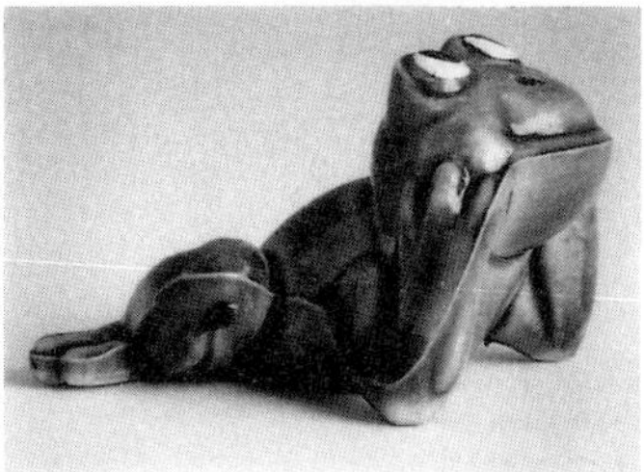

Glückspilz

Varianten : Figur in hell- oder dunkelgrün

Zubehör : ohne

Kennung : ohne
Marktwert : 4,- DM
Info :

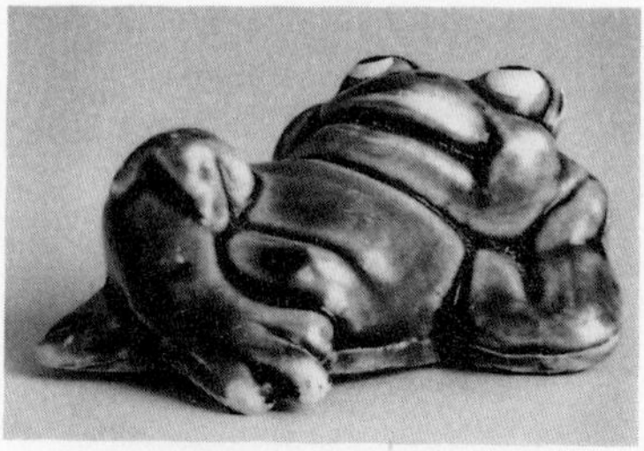

Faulenzer

Varianten : Figur in hell- oder dunkelgrün

Zubehör : ohne

Kennung : ohne
Marktwert : 4,- DM
Info :

Schlauberger

Varianten : Figur in hell- oder dunkelgrün

Zubehör : ohne

Kennung : ohne
Marktwert : 4,- DM
Info :

Witzbold

Varianten : Figur in hell- oder dunkelgrün

Zubehör : ohne

Kennung : ohne
Marktwert : 4,- DM
Info :

Serie 32

Die Biene Maja

(Frühjahr 1986)

12 Figuren "Überraschung"

Kurt

Varianten : a) Rückenflügel braun
b) Rückenflügel dunkelbraun

Zubehör : Kopfhaube mit eckigen Fühlern
Kennung : © 1986 Apollo Film
Marktwert : a) 5,- DM
b) 7,- DM
Info : Orig. Beipackzettel: 100,- DM

Kuno

Varianten : keine

Zubehör : Kopfhaube mit runden Fühlern
Kennung : © 1986 Apollo Film
Marktwert : 5,- DM
Info :

Maja

Varianten : keine

Zubehör : 2-flüglige, transparente Flügel gelbe Kopfhaube mit Fühlern
Kennung : © 1986 Apollo Film
Marktwert : 25,- DM
Info :

Paul Emsig

Varianten : a) Hut mit Fühlern gelb
b) Hut mit Fühlern orange oder grün
Zubehör : Hut mit Fühlern

Kennung : © 1986 Apollo Film
Marktwert : a) 15,- DM
b) 10,- DM
Info :

Willi

Varianten : Haube mit Fühlern in hell- oder dunkelbraun

Zubehör : Haube mit Fühlern, 2-flügelige, transparente Flügel
Kennung : © 1986 Apollo Film
Marktwert : 25,- DM
Info :

Karlchen

Varianten : keine

Zubehör : ohne

Kennung : © 1986 APOLLO FILM
Marktwert : 4,- DM
Info :

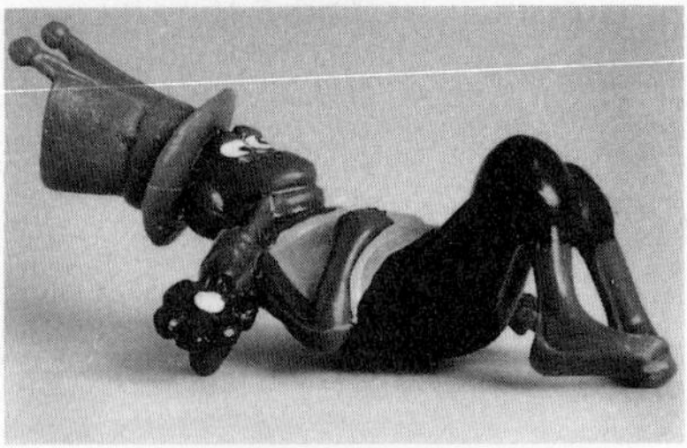

Flip

Varianten : Zylinder mit Fühlern in:
a) hellbraun
b) dunkelbraun
Zubehör : Zylinder mit Fühlern

Kennung : © 1986 Apollo Film
Marktwert : a) 6,- DM
b) 8,- DM
Info :

Charly

Varianten : Mütze und Halstuch in:
a) hellblau
b) rot
Zubehör : ohne

Kennung : © 1986 Apollo Film
Marktwert : a) 4,- DM
b) 8,- DM
Info :

Oberst Emsig

Varianten : Helm mit Fühlern in:
a) gelb
b) orange oder grün
Zubehör : Helm mit Fühlern

Kennung : © 1986 Apollo Film
Marktwert : a) 25,- DM
b) 20,- DM
Info :

Maja

Varianten : keine

Zubehör : 2-flügelige, transparente Flügel, gelbe Kopfhaube mit Fühlern
Kennung : © 1986 Apollo Film
Marktwert : 25,- DM
Info :

Flip

Varianten : Zylinder mit Fühlern in:
a) hellbraun
b) dunkelbraun
Zubehör : Zylinder mit Fühlern

Kennung : © 1986 Apollo Film
Marktwert a) 6,- DM
b) 8,- DM
Info :

Willi

Varianten : Haube mit Fühlern in hell- oder dunkelbraun

Zubehör : Haube mit Fühlern, 2-flügelige, transparente Flügel
Kennung : © 1986 Apollo Film
Marktwert : 25,- DM
Info :

Serie 33

Donalds flotte Familie

(Herbst 1986)

10 Figuren "Überraschung"

Oma Duck

Varianten : keine

Zubehör : ohne

Kennung : © DISNEY 1986
Marktwert : 2,- DM
Info : Orig. Beipackzettel: 60,- DM

Dagobert Duck

Varianten : keine

Zubehör : schwarzer Zylinder, steckbar

Kennung : © Disney 1986
Marktwert : 3,- DM
Info :

Tick

Varianten : keine

Zubehör : ohne

Kennung : © Disney 1986
Marktwert : 2,- DM
Info :

Daniel Düsentrieb

Varianten : keine

Zubehör : ohne

Kennung : © Disney
Marktwert : 2,- DM
Info :

Trick

Varianten : keine

Zubehör : Körbchen mit grüner Decke

Kennung : © Disney 1986
Marktwert : 25,- DM
Info :

Track

Varianten : keine

Zubehör : ohne

Kennung : © Disney 1986
Marktwert : 2,- DM
Info :

Donald Duck

Varianten : keine

Zubehör : schwarze Mütze, steckbar

Kennung : © Disney 1986
Marktwert : 4,- DM
Info :

Donald Duck

Varianten : keine

Zubehör : blaue Mütze, steckbar

Kennung : © Disney 1986
Marktwert : 4,- DM
Info :

Daisy Duck

Varianten : keine

Zubehör : ohne

Kennung : © Disney 1986
Marktwert : 2,- DM
Info :

Oma Duck

Varianten : keine

Zubehör : ohne

Kennung : © Disney
Marktwert : 4,- DM
Info : Figur ist nicht auf dem Beipackzettel abgebildet

Serie 34

Die Tapsi Törtels

(Herbst 1986)

8 Figuren "Überraschung"

Vater Tony Törtel

Varianten : verschiedene Grüntöne bekannt

Zubehör : ohne

Kennung : Ferrero
Marktwert : 3,- DM
Info : Orig. Beipackzettel: 60,- DM

Tango Törtel

Varianten : verschiedene Grüntöne bekannt

Zubehör : ohne

Kennung : ohne
Marktwert : 3,- DM
Info :

Tina Törtel

Varianten : verschiedene Grüntöne bekannt

Zubehör : ohne

Kennung : ohne
Marktwert : 3,- DM
Info :

Trixi Törtel

Varianten : verschiedene Grüntöne bekannt

Zubehör : ohne

Kennung : © Ferrero 1986
Marktwert : 3,- DM
Info :

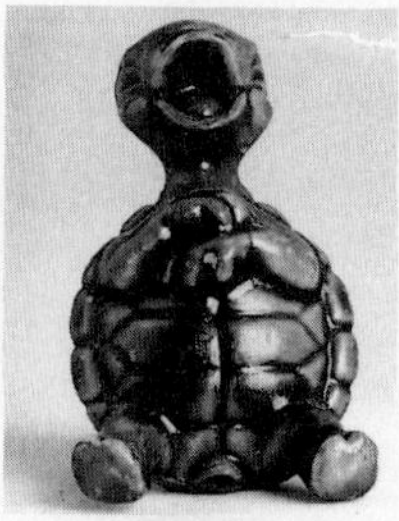

Tolli Törtel

Varianten : verschiedene Grüntöne bekannt

Zubehör : ohne

Kennung : © 1986 FERRERO
Marktwert : 3,- DM
Info :

Trotzi Törtel

Varianten : verschiedene Grüntöne bekannt

Zubehör : ohne

Kennung : FERRERO
Marktwert : 3,- DM
Info :

Mutter Tilli Törtel

Varianten : verschiedene Grüntöne bekannt

Zubehör : ohne

Kennung : FERRERO
Marktwert : 3,- DM
Info :

Tini Törtel

Varianten : verschiedene Grüntöne bekannt

Zubehör : ohne

Kennung : Ferrero
Marktwert : 3,- DM
Info :

Serie 35

Die Fußball-Schlümpfe

(Frühjahr 1988)

12 Figuren "Überraschung"

Mittelstürmerschlumpf (9)

Varianten : keine

Zubehör : Ball mit Loch,
X Vereinsaufkleber
Kennung : © Peyo 1988 Ferrero
Marktwert : 8,- DM
Info : Orig. Beipackzettel: 55,- DM

Torschützenschlumpf (7)

Varianten : keine

Zubehör : X Vereinsaufkleber

Kennung : © Peyo 1988 Ferrero
Marktwert : 3,- DM
Info :

Abwehrschlumpf (2)

Varianten : keine

Zubehör : X Vereinsaufkleber

Kennung : © Peyo 88 Ferrero
Marktwert : 3,- DM
Info :

Torwartschlumpf (1)

Varianten : Hemd in
a) gelb
b) orange
Zubehör : Ball

Kennung : © Pejo 1987 Ferrero
Marktwert : a) 15,- DM
b) 12,- DM
Info :

Liberoschlumpf vor Freistoß (5)

Varianten : keine

Zubehör : X Vereinsaufkleber

Kennung : © Peyo 1988 Ferrero
Marktwert : 3,- DM
Info :

Verwarnter Schlumpf (4)

Varianten : keine

Zubehör : X Vereinsaufkleber

Kennung : © Peyo 1988 Ferrero
Marktwert : 3,- DM
Info :

Linksaußenschlumpf verletzt (11)

Varianten : keine

Zubehör : ohne

Kennung : © Peyo 1988 Ferrero
Marktwert : 3,- DM
Info :

Schiedsrichterschlumpf

Varianten : keine

Zubehör : ohne

Kennung : © Peyo 1988 Ferrero
Marktwert : 3,- DM
Info :

Verteidigerschlumpf, meckernd (3)

Varianten : keine

Zubehör : X Vereinsaufkleber

Kennung : © Peyo 1988 Ferrero
Marktwert : 3,- DM
Info :

Fallrückzieherschlumpf (8)

Varianten : keine

Zubehör : Ball mit Loch

Kennung : © Peyo 1988 Ferrero
Marktwert : 8,- DM
Info :

Mittelfeldschlumpf, winkend (6)

Varianten : keine

Zubehör : X Vereinsaufkleber

Kennung : © Peyo 1988 Ferrero
Marktwert : 3,- DM
Info :

Spielführerschlumpf mit Pokal (10)

Varianten : keine

Zubehör : ohne

Kennung : © Peyo 1988 Ferrero
Marktwert : 3,- DM
Info :

Serie 36

Die Happy Hippos

(Herbst 1988)

10 Figuren "Überraschung"

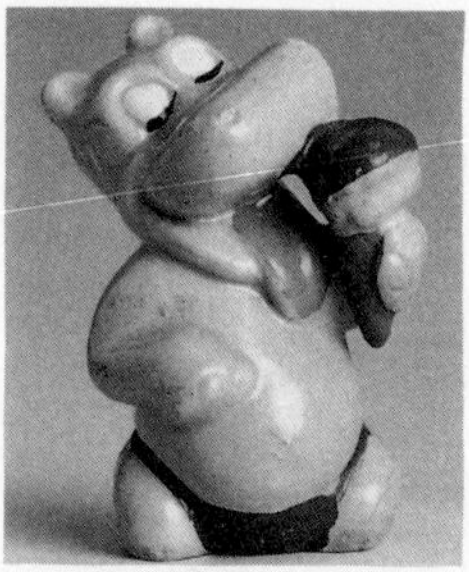

Schlecker Schorschi

Varianten : Figur in hellblau oder graublau

Zubehör : ohne

Kennung : © 1988 FERRERO
Marktwert : 2,- DM
Info : Orig. Beipackzettel: 25,- DM

Babsy Baby

Varianten : Figur in hellblau oder graublau

Zubehör : ohne

Kennung : © 1988 FERRERO
Marktwert : 2,- DM
Info :

Beachboy

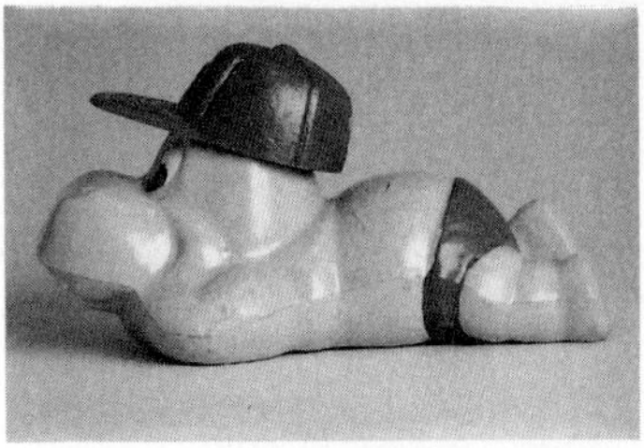

Varianten : Figur in hellblau oder graublau

Zubehör : dunkel-pinkfarbene Kappe

Kennung : © 1988 FERRERO
Marktwert : 8,- DM
Info :

Happy Hippo

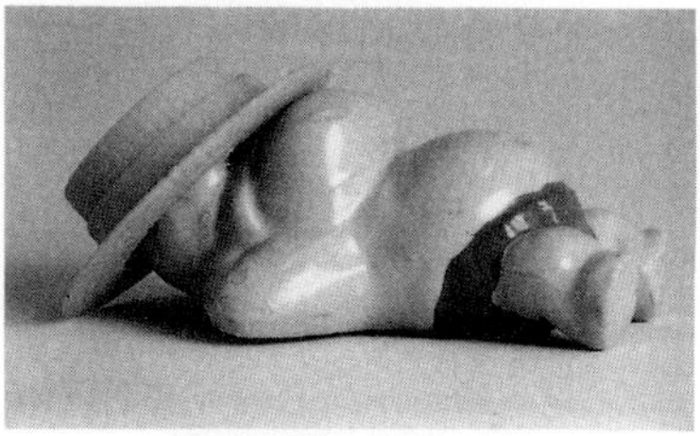

Varianten : Figur in hellblau oder graublau

Zubehör : gelber Strohhut

Kennung : © 1988 FERRERO
Marktwert : 8,- DM
Info :

Wasserwalli

Varianten : Figur in hellblau oder graublau

Zubehör : ohne

Kennung : © 1988 FERRERO
Marktwert : 2,- DM
Info :

Bade Beppo

Varianten : Figur in hellblau oder graublau

Zubehör : ohne

Kennung : © 1988 FERRERO
Marktwert : 2,- DM
Info :

Susi Sonnenschein

Varianten : Figur in hellblau oder graublau

Zubehör : ohne

Kennung : © 1988 FERRERO
Marktwert : 2,- DM
Info :

Hippi Hippo

Varianten : Figur in hellblau oder graublau

Zubehör : hell-pinkfarbene Brille

Kennung : © 1988 FERRERO
Marktwert : 14,- DM
Info :

Planscher Pauli

Varianten : Figur in hellblau oder graublau

Zubehör : gelber Schwimmring

Kennung : © 1988 FERRERO
Marktwert : 3,- DM
Info :

Taucher Toni

Varianten : Figur in hellblau oder graublau

Zubehör : 2 gelbe Schwimmflossen, dkl.-pinkfarbene Taucherbrille
Kennung : © 1988 FERRERO
Marktwert : 14,- DM
Info :

Serie 37

Die Blumentopfzwerge

(Herbst 1988)

8 Figuren "Überraschung"

Der Blumenwächter

Varianten : Laterne in gelb oder orange

Zubehör : ohne

Kennung : © 1988 Ferrero
Marktwert : 2,- DM
Info : Orig. Beipackzettel: 20,- DM

Der Blütenzähler

Varianten : keine

Zubehör : ohne

Kennung : © Ferrero 1988
Marktwert : 2,- DM
Info :

Der Blütenstaubfeger

Varianten : keine

Zubehör : ohne

Kennung : © Ferrero 1988
Marktwert : 2,- DM
Info :

Der Blumendoktor

Varianten : keine

Zubehör : ohne

Kennung : © Ferrero 1988
Marktwert : 2,- DM
Info :

Der Wurzelpfleger

Varianten : keine

Zubehör : ohne

Kennung : © 1988 Ferrero
Marktwert : 2,- DM
Info :

Der Blattlausklopfer

Varianten : keine

Zubehör : ohne

Kennung : © Ferrero 1988
Marktwert : 2,- DM
Info :

Der Wassermeister

Varianten : keine

Zubehör : ohne

Kennung : © Ferrero 1988
Marktwert : 2,- DM
Info :

Der Kaktusfrisör

Varianten : keine

Zubehör : ohne

Kennung : © Ferrero 1988
Marktwert : 2,- DM
Info :

Serie 38

Aristocats

(Frühjahr 1989)

9 Figuren "Überraschung"

Peppo

Varianten : keine

Zubehör : ohne

Kennung : © 1989 Disney Ferrero
Marktwert : 2,- DM
Info : Orig. Beipackzettel: 85,- DM

Swingy

Varianten : keine

Zubehör : ohne

Kennung : © Walt Disney 1989 FERRERO
Marktwert : 2,- DM
Info :

Marie

Varianten : keine

Zubehör : ohne

Kennung : © Walt Disney 1989 FERRERO

Marktwert : 2,- DM

Info :

Billy Bass

Varianten : keine

Zubehör : ohne

Kennung : © Walt Disney 1989 FERRERO

Marktwert : 2,- DM

Info :

Berlioz

Varianten : keine

Zubehör : ohne

Kennung : © Walt Disney 1989 FERRERO

Marktwert : 2,- DM

Info :

Hit Cat

Varianten : keine

Zubehör : ohne

Kennung : © 1989 Disney Ferrero

Marktwert : 2,- DM

Info :

Toulouse

Varianten : keine

Zubehör : ohne

Kennung : © Walt Disney 1989
FERRERO

Marktwert : 2,- DM

Info :

Tom O' Malley

Varianten : keine

Zubehör : ohne

Kennung : © Walt Disney 1989
FERRERO

Marktwert : 2,- DM

Info :

Duchesse

Varianten : keine

Zubehör : ohne

Kennung : © Walt Disney 1989
FERRERO

Marktwert : 2,- DM

Info :

Serie 39

Die neuen Blumentopf-zwerge (Herbst 1989)

8 Figuren "Überraschung"

Der Rasenfrisör

Varianten : keine

Zubehör : ohne

Kennung : © Ferrero 1989
Marktwert : 2,- DM
Info : Orig. Beipackzettel: 12,- DM

Der Schnippel-Hansi

Varianten : keine

Zubehör : ohne

Kennung : © Ferrero 1989
Marktwert : 2,- DM
Info :

Der Pausen-Pauli

Varianten : keine

Zubehör : ohne

Kennung : © Ferrero 1989
Marktwert : 2,- DM
Info :

Der Schatzsucher

Varianten : keine

Zubehör : ohne

Kennung : © Ferrero 1989
Marktwert : 2,- DM
Info :

Der Pflanzzwerg

Varianten : keine

Zubehör : ohne

Kennung : © Ferrero 1989
Marktwert : 2,- DM
Info :

Der Schirmling

Varianten : keine

Zubehör : ohne

Kennung : © Ferrero 1989
Marktwert : 2,- DM
Info :

Der Kaktusprofi

Varianten : keine

Zubehör : ohne

Kennung : © Ferrero 1989
Marktwert : 2,- DM
Info :

Der Blumenkavalier

Varianten : keine

Zubehör : ohne

Kennung : © Ferrero 1989
Marktwert : 2,- DM
Info :

Serie 40

Micky und seine tollen Freunde (Herbst 1989)

11 Figuren "Überraschung"

Kater Karlo

Varianten : keine

Zubehör : ohne

Kennung : © 1989 Disney Ferrero
Marktwert : 2,- DM
Info : Orig. Beipackzettel: 25,- DM

Minnie

Varianten : keine

Zubehör : Kugelnase, steckbar

Kennung : © 1989 DISNEY FERRERO
Marktwert : 2,- DM
Info :

Micky

Varianten : keine

Zubehör : Kugelnase, steckbar

Kennung : © 1989 Disney Ferrero
Marktwert : 2,- DM
Info :

Micky mit Pilotenjacke

Varianten : keine

Zubehör : Kugelnase, steckbar

Kennung : © 1989 Disney Ferrero
Marktwert : 2,- DM
Info :

Mack

Varianten : a) lange Antenne, silber
b) kurze Antenne, rot
c) ohne Antenne
Zubehör : Kugelnase, steckbar
Kennung : © 1989 Disney Ferrero
Marktwert : a) 8,- DM
b) 6,- DM
c) 4,- DM
Info :

Muck

Varianten : keine

Zubehör : Kugelnase, steckbar

Kennung : © 1989 Disney Ferrero
Marktwert : 2,- DM
Info :

Goofy

Varianten : keine

Zubehör : Schirmmütze

Kennung : © 1989 DISNEY FERRERO
Marktwert : 11,- DM
Info :

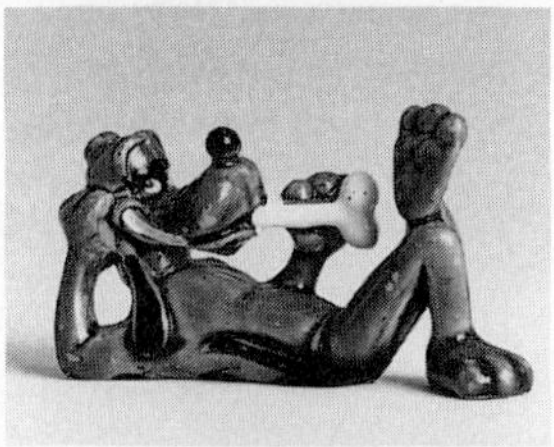

Pluto

Varianten : keine

Zubehör : ohne

Kennung : © Walt Disney 1989 FERRERO
Marktwert : 2,- DM
Info :

Panzerknacker No. 167

Varianten : keine

Zubehör : Kugelnase, steckbar

Kennung : © 1989 Disney Ferrero
Marktwert : 2,- DM
Info :

Panzerknacker No. 176

Varianten : keine

Zubehör : Kugelnase, steckbar

Kennung : © 1989 Disney Ferrero
Marktwert : 2,- DM
Info :

Kommissar Hunter

Varianten : keine

Zubehör : ohne

Kennung : © Walt Disney 1989
FERRERO
Marktwert : 4,- DM ! In der 1.Auflage ist
Info : fälschlich 40,-DM angegeben

Serie 41

Die Dribbel Boys

(Frühjahr 1990)

10 Figuren "Überraschung"

Toni Tornado

Varianten : keine

Zubehör : DB Vereinsaufkleber

Kennung : © Walt Disney
FERRERO 1990
Marktwert : 3,- DM
Info : Orig. Beipackzettel: 25,- DM

Rhino Rauhbein

Varianten : keine

Zubehör : Ball mit Loch,
DB Vereinsaufkleber
Kennung : © Walt Disney
FERRERO 1990
Marktwert : 8,- DM
Info :

Dribbel Drago

Varianten : keine

Zubehör : Ball mit Loch, DB Vereinsaufkleber
Kennung : © Walt Disney FERRERO !990
Marktwert : 8,- DM
Info :

Leo Libero

Varianten : Schnauze bemalt oder unbemalt

Zubehör : gelbe Krone, DB Vereinsaufkleber
Kennung : © Walt Disney FERREO 1990
Marktwert : 10,- DM
Info :

Power Porky

Varianten : Schuhsohlen grau oder schwarz

Zubehör : Ball mit Stoßzähnen, DB Vereinsaufkleber
Kennung : © Disney Ferrero 90
Marktwert : 6,- DM
Info :

Flanken Ferdi

Varianten : keine

Zubehör : Ball mit Loch, DB Vereinsaufkleber
Kennung : © Walt Disney FERRERO 1990
Marktwert : 8,- DM
Info :

Tricky Tom

Varianten : Mähne bemalt oder unbemalt

Zubehör : Ball mit Loch, DB Vereinsaufkleber
Kennung : © Disney FERRERO 90
Marktwert : 8,- DM
Info :

Beutel Berti

Varianten : Schnauze bemalt oder unbemalt

Zubehör : DB Vereinsaufkleber

Kennung : © Walt Disney FERRERO 1990
Marktwert : 3,- DM
Info :

Brummi Bär

Varianten : Schuhsohlen grau oder schwarz

Zubehör : DB Vereinsaufkleber

Kennung : © Walt Disney FERRERO 1990
Marktwert : 3,- DM
Info :

Paraden Pauli

Varianten : keine

Zubehör : Ball mit Loch, DB Vereinsaufkleber
Kennung :
Marktwert : 8,- DM
Info :

Serie 42
Happy Hippos im Fitness-Fieber (Herbst 1990)
10 Figuren "Überraschung"

Serie 47
Happypotami (Herbst 1991)
10 Figuren "Sorpresa"

Serie 51
Happy Hippos, La Bande Des Hippos (Herbst 1992)
10 Figuren "Surprise"

Diese Figuren unterscheiden sich nur durch die Kennung und die unterschiedliche Qualität der Bemalung. Sie sind nacheinander in verschiedenen Ländern veröffentlicht worden.

Brummer Beppo

Varianten : Hose und Boxhandschuhe braun abgesetzt oder nicht abgesetzt
Zubehör : ohne

Kennung : Ferrero © 1990
Marktwert : 2,- DM
Info : Orig. Beipackzettel: 8,- DM

Rocky Box

Varianten : keine

Zubehör : ohne

Kennung : © FERRERO k92 n.186
Marktwert : 12,- DM
Info : Orig. Beipackzettel: 15,- DM

Hippo Boxer

Varianten : keine
Zubehör : ohne

Kennung : a) © FERRERO k92 n.186
b) © FERRERO k93 n.186
Marktwert : 12,- DM
Info : 1) Orig. Beipackzettel: 2,- DM
2) Orig. Beipackzettel Happy Hippos ©FERRERO: 5,- DM

Träumer Tommi

Varianten : Augenlider weiß oder rosa

Zubehör : Hantel 3-teilig

Kennung : © FERRERO 1990
Marktwert : 8,- DM
Info :

Bulli Building

Varianten : keine

Zubehör : Hantel 2-teilig

Kennung : © FERRERO k92 n.189
Marktwert : 30,- DM
Info :

Hippo Siesta

Varianten : keine

Zubehör : Hantel 2-teilig

Kennung : a) © FERRERO k92 n.189
b) © FERRERO k93 n.189
Marktwert : 30,- DM
Info :

Power Pit

Varianten : keine

Zubehör : ohne

Kennung : © 1990 FERRERO
Marktwert : 2,- DM
Info :

Happy Hop

Varianten : keine

Zubehör : ohne

Kennung : © FERRERO k92 n.184
Marktwert : 12,- DM
Info :

Hippo Relax

Varianten : keine

Zubehör : ohne

Kennung : a) © FERRERO k92 n.184
b) © FERRERO k93 n.184
Marktwert : 12,- DM
Info :

Jonny Sauna

Varianten :

Zubehör : ohne

Kennung : © FERRERO k92 n.181
Marktwert : 25,- DM
Info : Flasche und Glas matt, Badesandalen schwarz

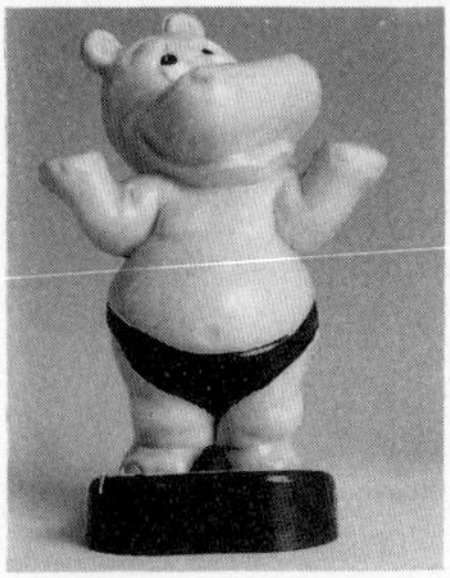

Boi Vanitoso

Varianten : keine

Zubehör : Waage mit Aufkleber

Kennung : © FERRERO k92 n.185
Marktwert : 25,- DM
Info :

Sauna Sepp

Varianten :

Zubehör : ohne

Kennung : © 1990 FERRERO
Marktwert : 2,- DM
Info : Flasche und Glas klar, Badesachen violett

Hippo Milk

Varianten :

Zubehör : ohne

Kennung : a) © FERRERO k92 n.181
b) © FERRERO k93 n.181
Marktwert : 25,- DM
Info : Flasche und Glas matt, Badesandalen schwarz

Happy Hippo

Varianten : keine

Zubehör : Waage mit Aufkleber

Kennung : © FERRERO 1990
Waage: FERRERO © 1990
Marktwert : 8,- DM
Info :

Hippo Baloon

Varianten : keine

Zubehör : Waage mit Aufkleber

Kennung : a) © FERRERO k92 n.185
b) © FERRERO k93 n.185
Marktwert : 25,- DM
Info :

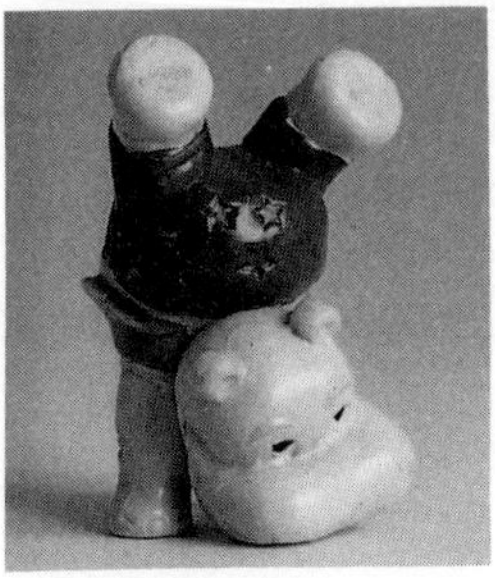

Purzel Peter

Varianten : keine

Zubehör : ohne

Kennung : © 1990 FERRERO
Marktwert : 2,- DM
Info :

Dan Capriole

Varianten : keine

Zubehör : ohne

Kennung : © FERRERO k92 n.180
Marktwert : 12,- DM
Info :

Hippo Acrobate

Varianten : keine

Zubehör : ohne

Kennung : a) © FERRERO k92 n.180
b) © FERRERO k93 n.180
Marktwert : 12,- DM
Info :

Pudding Pauli

Varianten : Augenlider weiß oder rosa

Zubehör : ohne

Kennung : © 1990 FERRERO
Marktwert : 2,- DM
Info :

Ciccio Cocco

Varianten : keine

Zubehör : ohne

Kennung : © FERRERO k92 n.182
Marktwert : 12,- DM
Info :

Hippo Muscle

Varianten : keine

Zubehör : ohne

Kennung : a) © FERRERO k92 n.182
b) © FERRERO k93 n.182
Marktwert : 12,- DM
Info :

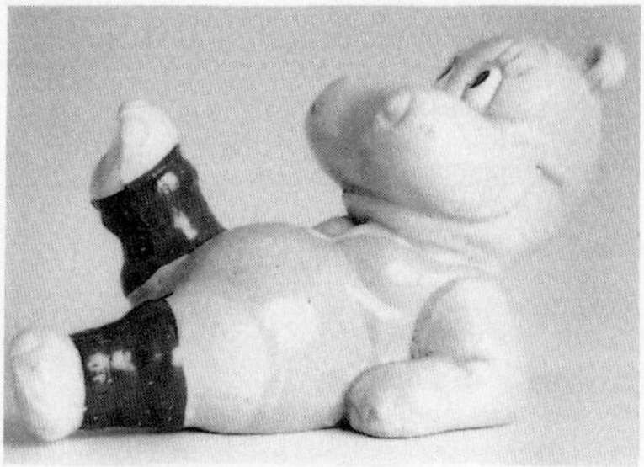

Babsy Baby

Varianten : Ohren und Zehen in rosa oder weiß

Zubehör : ohne

Kennung : © Ferrero 1990
Marktwert : 2,- DM
Info :

Betta Pancetta

Varianten : keine

Zubehör : ohne

Kennung : © FERRERO k92 n.187
Marktwert : 12,- DM
Info :

Miss Body

Varianten : keine

Zubehör : ohne

Kennung : a) © FERRERO k92 n.187
b) © FERRERO k93 n.187
Marktwert : 12,- DM
Info :

Susi Sonnenschein

Varianten : Blume gelb oder orange

Zubehör : Hula Hop Reifen

Kennung : © Ferrero 1990
Marktwert : 10,- DM
Info :

Susi Dai

Varianten :

Zubehör : Hula Hop Reifen

Kennung : © FERRERO k92 n.183
Marktwert : 20,- DM
Info :

Miss Houla Hop

Varianten : Blume in gelb oder orange, Hula Hop Reifen in gelb oder transparent
Zubehör : Hula Hop Reifen

Kennung : a) © FERRERO k92 n.183
b) © FERRERO k93 n.183
Marktwert : 20,- DM
Info :

Hippi Hippo

Varianten : keine

Zubehör : dunkel-pinkfarbene Brille

Kennung : FERRERO © 1990
Marktwert : 12,- DM
Info :

Happy Tuta

Varianten : keine

Zubehör : ohne (keine Brille wie in Deutschland)
Kennung : © FERRERO k92 n.188
Marktwert : 12,- DM
Info :

Hippo Tonic

Varianten : keine

Zubehör : ohne (keine Brille wie in Deutschland)
Kennung : a) © FERRERO k92 n.188
b) © FERRERO k93 n.188
Marktwert : 12,- DM
Info :

Serie 43

Die ganz neuen Blumentopfzwerge (Herbst 1990)

8 Figuren "Überraschung"

Serie 52

Die ganz neuen Blumentopfzwerge (Herbst '92, Frühj.'93)

8 Figuren "So., Su., Ov."

Der Nachtwächter

Varianten	:	keine	
Zubehör	:	ohne	
Kennung	:	© FERRERO 1990	© FERRERO 1992 A
Marktwert	:	2,- DM	7,- DM
Info	:	Orig. Beipackzettel: 6,- DM	Orig.Beipackzettel:15,-DM

Der Spediteur

Varianten	:	a) Mütze mit kurzem Zipfel b) Mütze mit langem Zipfel	Schubkarre mit kurzen Griffen, Rad eingeklebt
Zubehör	:	Schubkarre	Schubkarre
Kennung	:	FERRERO © 1990	© FERRERO 1992 B
Marktwert	:	a) 8,- DM b)12,- DM	15,- DM

Der Boss

Varianten	:	keine	
Zubehör	:	ohne	
Kennung	:	© FERRERO 1990	© FERRERO 1992 C
Marktwert	:	2,- DM	7,- DM
Info	:		

Popomatz

Varianten	keine	
Zubehör	ohne	
Kennung	FERRERO © 1990	© FERRERO 1992 D
Marktwert	2,- DM	7,- DM
Info		

Wanderwastl

Varianten	keine	
Zubehör	ohne	
Kennung	© FERRERO 1990	© FERRERO 1992 E
Marktwert	2,- DM	7,- DM
Info		

Der Wünschelrutengänger

Varianten	keine	
Zubehör	ohne	
Kennung	© FERRERO 1990	© FERRERO 1992 F
Marktwert	2,- DM	7,- DM
Info		

Zwerg Liebtsiemich

Varianten	keine	
Zubehör	ohne	
Kennung	© FERRERO 1990	© FERRERO 1992 G
Marktwert	2,- DM	7,- DM
Info		

Original-Beipackzettel: Serie 46

a) Beipackzettel normal
4,- DM

b) Beipackzettel mit aufgemalter runder Ecke (rechts-unten)
8,- DM

Original-Beipackzettel: Serie 49

Beipackzettel
10,- DM

Der Schluckspecht

Varianten	: keine	
Zubehör	: ohne	
Kennung	: © FERRERO 1990	© FERRERO 1992 H
Marktwert	: 2,- DM	7,- DM
Info	:	

Serie 46

Die Kroko-Schule (Herbst 1991)

10 Figuren "Überraschung"

Serie 49

L`Allegra Scuola Dei Coccodritti (Frühjahr 1992)

10 Figuren "Sorpresa"

Prof. K.Gnädig / Prof. G.Panciotto

Varianten	: keine	keine
Zubehör	: ohne	ohne
Kennung	: © FERRERO 1991	© FERRERO 1992 A
Marktwert	: 2,- DM	12,- DM
Info	: Orig. Beipack-zettel: siehe links	Orig.Beipack-zettel: siehe links

Benjamin Tagtraum / Pino Pisolino

Varianten	: keine	keine
Zubehör	: ohne	ohne
Kennung	: © Ferrero 1991	© FERRERO 1992 C
Marktwert	: 2,- DM	12,- DM
Info	:	

Tommy Tadel / Pinco Pagella

Varianten	: keine	a) Pagella Mat.4 Ita.4 b) Mat.3 Geo.5 Che.4
Zubehör	: ohne	ohne
Kennung	: © Ferrero 1991	© FERRERO 1992 B
Marktwert	: 2,- DM	a) 15,- DM b) 18,- DM

Stefan Stulle / Lallo Intervallo

Varianten	: keine	keine
Zubehör	: ohne	ohne
Kennung	: © Ferrero 1991	© FERRERO 1992 D
Marktwert	: 2,- DM	12,- DM
Info	:	

Dr. Karl Knallgas / Prof. Accadueo

Varianten	: keine	keine
Zubehör	: ohne	ohne
Kennung	: © FERRERO 1991	© FERRERO 1992 E
Marktwert	: 2,- DM	12,- DM
Info	:	

Frl. Adele Bruchstrich / L.Tabellina

Varianten	: keine	keine
Zubehör	: ohne	ohne
Kennung	: © FERRERO 1991	© FERRERO 1992 F
Marktwert	: 2,- DM	12,- DM
Info	:	

Lisa Liebreiz / Rosa Vanitosa

Varianten	:	keine	keine
Zubehör	:	ohne	ohne
Kennung	:	© FERRERO 1991	© FERRERO 1992 G
Marktwert	:	2,- DM	12,- DM
Info	:		

Rudi Riesenfelge / Gin Ginnastica

Varianten	:	keine	keine
Zubehör	:	ohne	ohne
Kennung	:	© FERRERO 1991	© FERRERO 1992 H
Marktwert	:	2,- DM	12,- DM
Info	:		

Tina Tonleiter / Mimi `Soldo

Varianten	:	keine	keine
Zubehör	:	ohne	ohne
Kennung	:	© FERRERO 1991	© FERRERO 1992 I
Marktwert	:	2,- DM	12,- DM
Info	:		

Peter Primus / Gedeone il Secchione

Varianten	:	keine	keine
Zubehör	:	ohne	ohne
Kennung	:	FERRERO © 1991	© FERRERO 1992 J
Marktwert	:	2,- DM	12,- DM
Info	:		

Serie 44

Teeny Tapsi Törtels (Frühjahr 1991)

10 Figuren "Überraschung"

Serie 50

Tartallegre (Früh.'92), **Terrapins** (Herbst '92), **Tiny Turtles** (Früh.'93), **Mini Tortugas** (Früh.'93), **Tapsi Törtels** (Früh.'93)

10 Figuren "Sorpresa, Surprise, Overraskelse" (ohne Frankreich)

Serie 58

Tiny Tortues (Frühjahr 1993)

10 Figuren "Surprise" (nur Frankreich)

Diese Figuren unterscheiden sich nur durch die Kennung und die unterschiedliche Qualität der Bemalung. Sie sind nacheinander in verschiedenen Ländern veröffentlicht worden.

Kolumbus

Varianten : keine

Zubehör : Eierschale

Kennung : © FERRERO 1991
Marktwert : 8,- DM
Info : Orig. Beipackzettel: 35,- DM

Colombo

Varianten :

Zubehör : Eierschale
Kennung : a) © FERRERO 1993 A
b) © FERRERO A
Marktwert : 8,- DM
Info : Orig. Beipackzettel: 10,- DM

Tortue Touneuf

Varianten : keine

Zubehör : Eierschale steckbar

Kennung : © FERRERO 1993 A
Marktwert : 8,- DM
Info : Orig. Beipackzettel: 15,- DM

Mampfi

Varianten : keine

Zubehör : ohne

Kennung : © FERRERO 1991
Marktwert : 3,- DM
Info :

Gnam Gnam

Varianten :

Zubehör :
Kennung : a) © FERRERO 1993 B
b) © FERRERO B
Marktwert : 3,- DM
Info :

Tortue Pastec

Varianten : keine

Zubehör : ohne

Kennung : © FERRERO 1993 B
Marktwert : 3,- DM
Info :

Batida

Varianten : keine

Zubehör : ohne

Kennung : © FERRERO 1991
Marktwert : 3,- DM
Info :

Batida

Varianten :

Zubehör :
Kennung : a) © FERRERO 1993 C
b) © FERRERO C
Marktwert : 3,- DM
Info :

Tortue Siro-Coco

Varianten : keine

Zubehör : ohne

Kennung : © FERRERO 1993 C
Marktwert : 3,- DM
Info :

Amadeus

Varianten : keine

Zubehör : gelber Strohhut

Kennung : © Ferrero 1991
Marktwert : 8,- DM
Info :

Amadeus

Varianten :

Zubehör : orangefarbener Strohhut
Kennung : a) © FERRERO 1993 D
b) © FERRERO D
Marktwert : 8,- DM
Info :

Tortue Doremi

Varianten : keine

Zubehör : orangefarbener Strohhut

Kennung : © FERRERO 1993 D
Marktwert : 8,- DM
Info :

Tölpi

Varianten : keine

Zubehör : ohne

Kennung : © FERRERO 1991
Marktwert : 3,- DM
Info :

Paco

Varianten :

Zubehör :
Kennung : a) © FERRERO 1993 F
b) © FERRERO F
Marktwert : 3,- DM
Info :

Tortue Bananas

Varianten : keine

Zubehör : ohne

Kennung : © FERRERO 1993 F
Marktwert : 3,- DM
Info :

Sir Winston

Varianten : keine

Zubehör : ohne

Kennung : © FERRERO 1991
Marktwert : 5,- DM
Info :

Flora

Varianten :

Zubehör :
Kennung : a) © FERRERO 1993 E
b) © FERRERO E
Marktwert : 5,- DM
Info :

Tortue Dandy

Varianten : keine

Zubehör : ohne

Kennung : © FERRERO 1993 E
Marktwert : 5,- DM
Info :

Calypso

Varianten : keine

Zubehör : ohne

Kennung : © FERRERO 1991
Marktwert : 3,- DM
Info :

Felix

Varianten :

Zubehör :
Kennung : a) © FERRERO 1993 G
b) © FERRERO G
Marktwert : 3,- DM
Info :

Tortue Clapotis

Varianten : keine

Zubehör : ohne

Kennung : © FERRERO 1993 G
Marktwert : 3,- DM
Info :

Calipso

Varianten :

Zubehör : roter Blütenschirm
Kennung : a) © FERRERO 1993 H
b) © FERRERO H
Marktwert : 12,- DM
Info :

Marino

Varianten :

Zubehör : gelber Stein als Sprungbrett
Kennung : a) © FERRERO 1993 I
b) © FERRERO I
Marktwert : 12,- DM
Info :

Flora

Varianten : keine

Zubehör : roter Blütenschirm

Kennung : © FERRERO 1991
Marktwert : 12,- DM
Info :

Tortue Flora

Varianten : keine

Zubehör : roter Blütenschirm

Kennung : © FERRERO 1993 H
Marktwert : 12,- DM
Info :

Marino

Varianten : keine

Zubehör : halbes, rotes Ei,
gelbes Sprungbrett
Kennung : © Ferrero 1991
Marktwert : 60,- DM
Info :

Tortue Splash

Varianten : keine

Zubehör : gelber Stein als Sprungbrett

Kennung : © FERRERO 1993 I
Marktwert : 12,- DM
Info :

Robinson

Varianten : keine

Zubehör : gelbes Blatt als Boot

Kennung : © FERRERO 1991 (Figur)
© FERRERO 1991 (Blatt)
Marktwert : 12,- DM
Info :

Robinson

Varianten :

Zubehör : orangefarbenes Blatt als Boot
Kennung : a) © FERRERO 1993 J
b) © FERRERO J
Marktwert : 12,- DM
Info : Blatt ohne Kennung

Tortue Robinson

Varianten : keine

Zubehör : orangefarbenes Blatt als Boot

Kennung : © FERRERO 1993 J
Marktwert : 12,- DM
Info :

Serie 45

Die Badezimmerzwerge

(Herbst 1991)

10 Figuren "Überraschung"

erscheint im Hebst '93 in "So, SU, Ov"
(voraussichtlich nicht komplett)

Morgenmuffel

Varianten : keine

Zubehör : a) runder Spiegel, anfangs auf halbes gelbes Ei zu stecken
b) später mit Sockel

Kennung : © Ferrero 91
Marktwert : a) 25,- DM
b) 6,- DM
Info : Orig. Beipackzettel: 4,- DM

Schönling

Varianten : keine

Zubehör : ohne

Kennung : © FERRERO1991
Marktwert : 2,- DM
Info :

Weißzahn

Varianten : keine

Zubehör : ohne

Kennung : © FERRERO 1990
Marktwert : 2,- DM
Info :

Gurgel Gustav

Varianten : keine

Zubehör : ohne

Kennung : © FERRERO 1991
Marktwert : 2,- DM
Info :

Guten Morgen Zwerg

Varianten : keine

Zubehör : ohne

Kennung : © FERRERO 1991
Marktwert : 2,- DM
Info :

Pfundskerl

Varianten : keine

Zubehör : Waage mit Aufkleber

Kennung : © FERRERO 1991
Marktwert : 5,- DM
Info :

Figaro

Varianten : keine

Zubehör : a) eckiger Spiegel, anfangs auf halbes Ei zu stecken
b) später mit Sockel
Kennung : © Ferrero 91
Marktwert : a) 25,- DM
b) 6,- DM
Info :

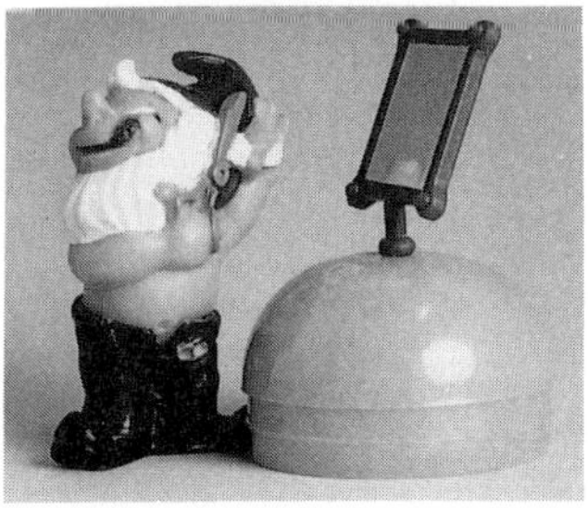

Klettermaxe

Varianten : keine

Zubehör : ohne

Kennung : © FERRERO 1991
Marktwert : 2,- DM
Info :

Saubermann

Varianten : keine

Zubehör : ohne

Kennung : © FERRERO 1991
Marktwert : 2,- DM
Info :

Strahlemann

Varianten : keine

Zubehör : ohne

Kennung : © FERRERO 1991
Marktwert : 2,- DM
Info :

Serie 48

Peppy Pingos

(Frühjahr 1992)

10 Figuren "Überraschung"

Charly Schnappschuß

Varianten : keine

Zubehör : ohne

Kennung : © FERRERO
Marktwert : 3,- DM
Info : Orig. Beipackzettel: 4,- DM

Eddy Eigentor

Varianten : keine

Zubehör : Eishockeyschläger mit Puck

Kennung : © Ferrero
Marktwert : 12,- DM
Info :

Pinguita

Varianten : keine

Zubehör : ohne

Kennung : © FERRERO
Marktwert : 3,- DM
Info :

Tommy Tolpatsch

Varianten : keine

Zubehör : ohne

Kennung : © FERRERO
Marktwert : 3,- DM
Info :

Ralf Rotznase

Varianten : keine

Zubehör : ohne

Kennung : © FERRERO
Marktwert : 3,- DM
Info :

Ole Ohrwurm

Varianten : keine

Zubehör : ohne

Kennung :
Marktwert : 3,- DM
Info :

Kalle Kaltzunge

Varianten : keine

Zubehör : ohne

Kennung : © FERRERO
Marktwert : 4,- DM
Info :

Knut Kohldampf

Varianten : keine

Zubehör : ohne

Kennung : © FERRERO
Marktwert : 3,- DM
Info : Figur mit Brötchen ohne Sesam nur im Diorama

Willi Wagemut

Varianten : keine

Zubehör : ohne

Kennung : © FERRERO
Marktwert : 3,- DM
Info :

Snowboard Siggi

Varianten : keine

Zubehör : Snowboard mit 2 Aufklebern

Kennung :
Marktwert : 6,- DM
Info :

Serie 53

Wer schlüpft aus dem Ei?

(1992)

6 Figuren "So, Su, Ov"

Krokodil

Varianten : keine

Zubehör : Augenaufkleber

Kennung : k93 n.35
Marktwert : 5,- DM
Info : Orig. Beipackzettel: 0,50 DM

Adler

Varianten : keine

Zubehör : Augenaufkleber

Kennung : k93 n.36
Marktwert : 5,- DM
Info :

Schildkröte

Varianten : keine

Zubehör : Augenaufkleber

Kennung : k93 n.37
Marktwert : 5,- DM
Info :

Ente

Varianten : keine

Zubehör : Augenaufkleber

Kennung : k93 n.38
Marktwert : 5,- DM
Info :

Kücken

Varianten : keine

Zubehör : Augenaufkleber

Kennung : k93 n.39
Marktwert : 5,- DM
Info :

Schlange

Varianten : keine

Zubehör : Augenaufkleber

Kennung : k93 n.40
Marktwert : 5,- DM
Info :

Serie 54

Die Zunft der Zwerge

(Herbst 1992)

10 Figuren "Überraschung"

Bauer Landluft

Varianten : keine

Zubehör : ohne

Kennung : © FERRERO
Marktwert : 2,- DM
Info : Orig. Beipackzettel: 0,50 DM

Frisör Silberlocke

Varianten : keine

Zubehör : ohne

Kennung : © FERRERO 92
Marktwert : 2,- DM
Info :

Wirt Tafelschmaus

Varianten : keine

Zubehör : ohne

Kennung : © FERRERO
Marktwert : 2,- DM
Info :

Maurer Ziegelstein

Varianten : keine

Zubehör : ohne

Kennung : © FERRERO 92
Marktwert : 2,- DM
Info :

Zimmermann Hobelspan

Varianten : keine

Zubehör : ohne

Kennung : © FERRERO
Marktwert : 2,- DM
Info :

Steinmetz Meißel

Varianten : keine

Zubehör : ohne

Kennung : © FERRERO 92
Marktwert : 2,- DM
Info :

Schmied Eisenbart

Varianten : keine

Zubehör : ohne

Kennung : © FERRERO 1992
Marktwert : 2,- DM
Info :

Töpfer Toni

Varianten : keine

Zubehör : ohne

Kennung : © FERRERO 1992
Marktwert : 2,- DM
Info :

Schneider Nadelflink

Varianten : keine

Zubehör : ohne

Kennung : © FERRERO
Marktwert : 2,- DM
Info :

Bäcker Zuckersüß

Varianten : keine

Zubehör : ohne

Kennung : © FERRERO 1992
Marktwert : 2,- DM
Info :

Original-Beipackzettel: Serie 55
a) © FERRERO '92
b) ZDF © FERRERO '92 © Ferrero D-6000 Frankfurt 70
c) ZDF © FERRERO '92 © Ferrero D-6000 Frankfurt / M.70
d) ZDF © FERRERO '92
a) 1,- DM mit Werbung für Setzkasten
b,c,d) 0,50 DM ohne Werbung für Setzkasten

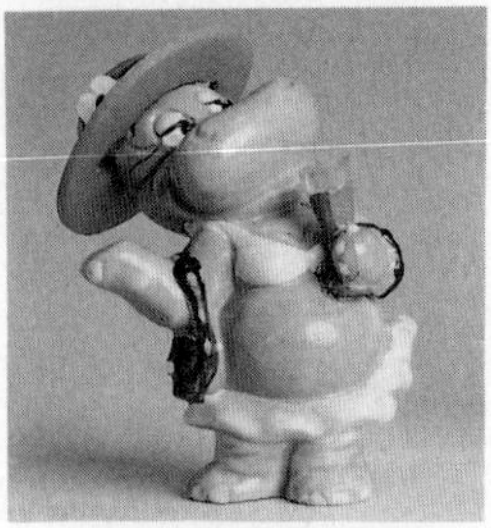

Serie 55

Die Happy Hippos auf dem Traumschiff (Herbst 1992)

10 Figuren "Überraschung"

Willi Wirbelwind

Varianten : keine

Zubehör : Tablett mit Flasche und Gläsern
Kennung : © Ferrero
Marktwert : 3,- DM
Info : Verschiedene Beipackzettel, siehe links

Susi Sonnenschein

Varianten : keine

Zubehör : Strohhut mit Blume

Kennung : © Ferrero
Marktwert : 4,- DM
Info :

Nico Neureich

Varianten : Armbanduhr mit verschiedenen Zeigerstellungen

Zubehör : Strohhut

Kennung : © Ferrero
Marktwert : 4,- DM
Info :

Freddy Flaute

Varianten : T-Shirt-Streifen signalrot oder weinrot, Rettungsring-Streifen weinrot oder signalrot
Zubehör : ohne

Kennung : © Ferrero
Marktwert : 2,- DM
Info :

Käpt'n Happy Hippo

Varianten : keine

Zubehör : ohne

Kennung : © Ferrero
Marktwert : 2,- DM
Info :

Träumer Tommy

Varianten : Augenlider türkis o. hellblau
a) Liege nur grün
b) Liege grün und braun
Zubehör : ohne

Kennung : © Ferrero
Marktwert : a) 5,- DM
b) 2,- DM
Info :

Babsi Baby

Varianten : keine

Zubehör : Badetuch

Kennung : © Ferrero
Marktwert : 4,- DM
Info :

Original-Beipackzettel: Serie 56
Drei Varianten sind bekannt!
Der Schriftzug
"© Ferrero
D-6000 Frankfurt / M. 70 "
befindet sich an verschiedenen Stellen auf den Beipackzetteln.

Sascha Sonnendeck

Varianten : keine

Zubehör : ohne

Kennung : © Ferrero
Marktwert : 2,- DM
Info :

Tele Toni

Varianten : keine

Zubehör : ohne

Kennung : © Ferrero
Marktwert : 2,- DM
Info :

Emil Eintopf

Varianten : Augenlider türkis

Zubehör : Mütze, Kochlöffel

Kennung : © Ferrero
Marktwert : 4,- DM
Info :

Serie 56

Die Crazy Crocos

(Frühjahr 1993)

10 Figuren "Überraschung"

Freddy Fettfleck

Varianten : Augen auf oder geschlossen

Zubehör : ohne

Kennung : © Ferrero
Marktwert : 2,- DM
Info : Orig. Beipackzettel: 0,50 DM (alle drei Varianten)

Lisa Liebreiz

Varianten : keine

Zubehör : ohne

Kennung : © Ferrero
Marktwert : 2,- DM
Info :

Eddy Koketti

Varianten : keine

Zubehör : ohne
Kennung : © Ferrero 93 oder © FERRERO
Marktwert : 2,- DM
Info :

Billy the Bit

Varianten : keine

Zubehör : 3 Aufkleber für Computer
Kennung : © Ferrero oder © FERRERO 1993
Marktwert : 3,- DM
Info :

Benny Beule

Varianten : keine

Zubehör : Skateboard mit Aufkleber

Kennung : © Ferrero
Marktwert : 3,- DM
Info :

Conny Crazy

Varianten : keine

Zubehör : ohne

Kennung : © Ferrero 1992
Marktwert : 2,- DM
Info :

Felix Fehlwurf

Varianten : keine

Zubehör : ohne

Kennung : © Ferrero
Marktwert : 2,- DM
Info :

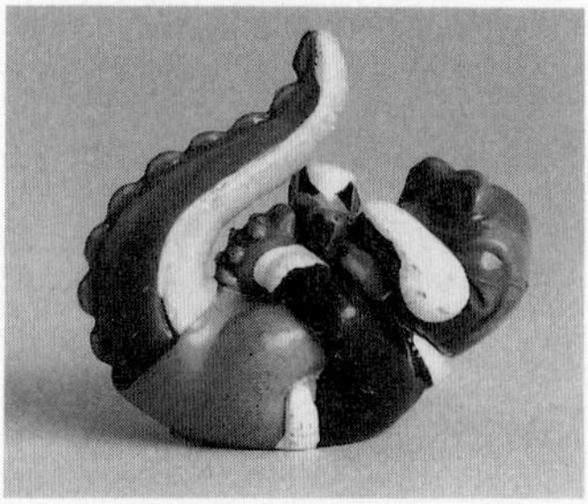

Bobby Breakdance

Varianten : keine

Zubehör : ohne
Kennung : © Ferrero oder
© FERRERO 1993
Marktwert : 2,- DM
Info :

Mike Macho

Varianten : keine

Zubehör : rote Brille, festgeklebt

Kennung : © Ferrero 1993
Marktwert : 2,- DM
Info :

Gloria Glanzvoll

Varianten : keine

Zubehör : ohne
Kennung : © Ferrero 93 oder © FERRERO
Marktwert : 2,- DM
Info : Die Kennungen sind auf dem Schwanz oder Rücken

Serie 57

Le simpatiche Ranopla

(1993)

12 Figuren "Sorpresa"

Pupo Pupazzolo

Varianten : keine

Zubehör : ohne

Kennung : © FERRERO 1993 B
Marktwert : 12,- DM
Info : Orig. Beipackzettel: 10,- DM

Bobby Bob

Varianten : keine

Zubehör : roter Bob

Kennung : © FERRERO 1993 A
Marktwert : 17,- DM
Info :

Gigi Spazzaneve

Varianten : keine

Zubehör : grüner Doppelski

Kennung : © FERRERO 1993 L
Marktwert : 17,- DM
Info :

Pico Picozzo

Varianten : keine

Zubehör : ohne

Kennung : © FERRERO 1993 D
Marktwert : 12,- DM
Info :

Battista Fuoripista

Varianten : keine

Zubehör : 2 violette Schneeschuhe

Kennung : © FERRERO 1993 F
Marktwert : 17,- DM
Info :

Gianni Tormenta

Varianten : keine

Zubehör : Schneeballhaufen

Kennung : © FERRERO 1993 I
Marktwert : 17,- DM
Info :

Patty Ruzzolona

Varianten : keine

Zubehör : ohne

Kennung : © FERERO 1993 M
Marktwert : 12,- DM
Info :

Rosa Sprintosa

Varianten : keine

Zubehör : ohne

Kennung : © FERRERO 1993 H
Marktwert : 12,- DM
Info :

Nina Pattinina

Varianten : keine

Zubehör : ohne

Kennung : © FERRERO 1993 C
Marktwert : 12,- DM
Info :

Ran Saetta

Varianten : keine

Zubehör : ohne

Kennung : © FERRERO 1993 G
Marktwert : 12,- DM
Info :

Tommy Campione

Varianten : keine

Zubehör : blauer Eishockeyschläger

Kennung : © FERRERO 1993 N
Marktwert : 17,- DM
Info :

Fred Freddoloso

Varianten : keine

Zubehör : roter Schirm

Kennung : © FERRERO 1993 E
Marktwert : 17,- DM
Info :

Serie 59

Drolly Dinos

(Herbst 1993)

10 Figuren "Überraschung"

Kokettino

Varianten : keine

Zubehör : ohne

Kennung : © FERRERO
Marktwert : 2,-
Info : Orig. Beipackzettel: 0,50 DM

Kokettina

Varianten : Muschel hell- oder dunkelviolett

Zubehör : ohne

Kennung : © Ferrero
Marktwert : 2,- DM
Info :

Däumelino

Varianten : keine

Zubehör : Eierschale

Kennung : Figur ohne, Eierschale © FERRERO 1993
Marktwert : 3,- DM
Info :

Trampelino

Varianten : keine

Zubehör : ohne

Kennung : © FERRERO
Marktwert : 2,- DM
Info :

Melodino

Varianten : keine

Zubehör : ohne

Kennung : © FERRERO
Marktwert : 2,- DM
Info :

Tranquillino

Varianten : keine

Zubehör : gelbes Blütenblatt

Kennung : © FERRERO
Marktwert : 3,- DM
Info :

Juwelina

Varianten : keine

Zubehör : Rubin fest eingeklebt

Kennung : © Ferrero 93
Marktwert : 2,- DM
Info :

Hecktino

Varianten : keine

Zubehör : ohne

Kennung : © FERRERO
Marktwert : 2,- DM
Info :

Bronto

Varianten : keine

Zubehör : ohne

Kennung :
Marktwert : 2,- DM
Info :

Elegandina

Varianten : Spiegelaufkleber in hell.- oder dunkelblau

Zubehör : Aufkleber auf Muschel

Kennung : © FERRERO
Marktwert : 2,- DM
Info :

Serie 60

Bill Body der "Super" Sportler... (Herbst 93)

10 Figuren "Überraschung"

... mit Handicap

Varianten : Maulwurfhügel angeklebt oder Zubehör

Zubehör : ohne / oder Maulwurfhügel, Golfschläger

Kennung : © COMIC-FACTORY
Marktwert : 5,- DM
Info : Orig. Beipackzette: 0,50 DM

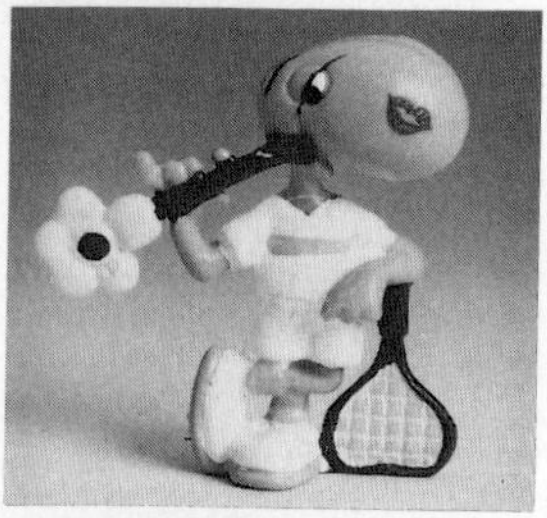

... als Konditionswunder

Varianten : Schnecke fest angeklebt oder Zubehör

Zubehör : ohne / oder Schnecke

Kennung : © COMIC-FACTORY
Marktwert : 5,- DM
Info :

... beim Augenaufschlag

Varianten : keine

Zubehör : rosa Blüte

Kennung : © COMIC-FACTORY
Marktwert : 5,- DM
Info :

... beim Body Bill-ding

Varianten : keine

Zubehör : Hantel, 3-teilig, steckbar
2 Aufkleber für Gewichte
Kennung : © COMIC-FACTORY
Marktwert : 5,- DM
Info :

... als Sessel-Libero

Varianten : Fernseher in grün oder braun, Ständer in braun oder grün, Aufkleber m. Menschen oder Bill Body's
Zubehör : Fernseher mit Ständer, Fußballspielaufkleber
Kennung : © COMIC-FACTORY
Marktwert : 5,- DM
Info :

... als Badewannen-Champ

Varianten : keine

Zubehör : ohne

Kennung : © COMIC-FACTORY
Marktwert : 4,- DM
Info :

Figur lag bei Redaktionsschluß noch nicht vor

... sagt's mit Blumen

Varianten : keine

Zubehör : weiße Blüte

Kennung : © COMIC-FACTORY
Marktwert : 5,- DM
Info :

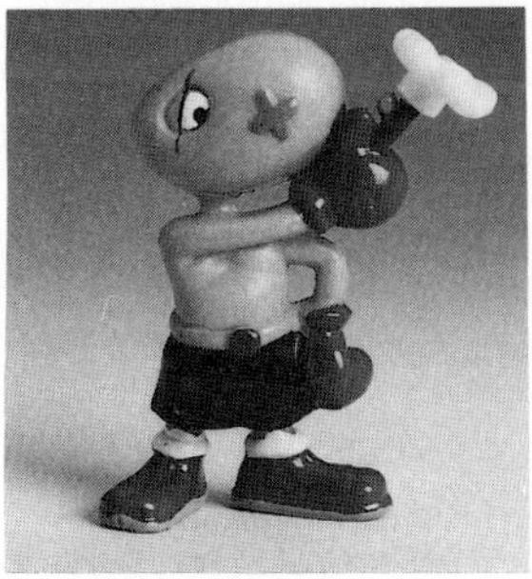

... als Rasenkuschler

Varianten : keine

Zubehör : ohne

Kennung : © COMIC-FACTORY
Marktwert : 4,- DM
Info :

Figur lag bei Redaktionsschluß noch nicht vor

... mit Poker-Face

Varianten : keine

Zubehör : ohne

Kennung : © COMIC-FACTORY
Marktwert : 4,- DM
Info :

Figur lag bei Redaktionsschluß noch nicht vor

... mit Plattfuß

Figur lag bei Redaktionsschluß noch nicht vor

Varianten : keine

Zubehör : ohne

Kennung : © COMIC FACTORY
Marktwert : 4,- DM
Info :

Kapitel - 2 -

Super-Puzzles

01 Tao Tao
02 Dschungelbuch
03 Biene Maja
04 Donald Duck
05 Weltraum
06 Tapsi Törtels
07 Fußballschlumpf
08 Happy Hippos
09 Blumentopfzwerge
10 Aristocats
11 Micky und seine tollen Freunde
12 Dribbel Boys
13 Happy Hippos
14 Happy Hippos
15 Teeny Tapsi Törtels
16 Teeny Tapsi Törtels
17 Badezimmerzwerge
18 Krokoschule
19 Krokoschule
20 Peppy Pingos
21 Schlangenfluß-Indianer
22 Happy Hippos, Traumschiff
23 Crazy Crocos
24 Die sympatischen Frösche
25 Drolly Dinos
26 Bill Body der Supersportler

Tao Tao

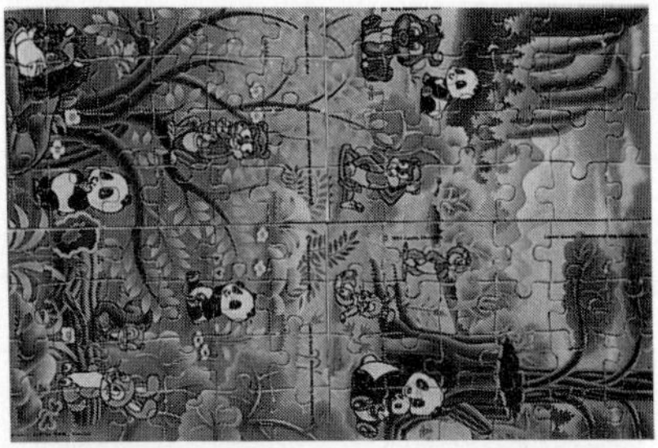

Umfang : 4 verschiedene Einzelpuzzles 24-teilig
Varianten :
Kennung : © 1984 Apollo-Film Wien Lizenz durch Merchandising München AG ARM
Marktwert : 70,- DM Einzelpuzzle 30,- DM Beipackzettel
Info : "Überraschung"

Dschungelbuch

Umfang : 4 verschiedene Einzelpuzzles 24-teilig
Varianten :
Kennung : © 1985 Walt Disney Productions ARM
Marktwert : 70,- DM Einzelpuzzle 30,- DM Beipackzettel
Info : "Überraschung"

Biene Maja

Umfang : 4 verschiedene Einzelpuzzles 15-teilig
Varianten : verschiedene Stanzungen
Kennung : © 1986 APOLLO FILM WIEN Lizenz durch Merchandising München KG ARM
Marktwert : 70,- DM Einzelpuzzle 30,- DM Beipackzettel
Info : "Überraschung"

Donald Duck

Umfang : 4 verschiedene Einzelpuzzles 15-teilig
Varianten :
Kennung : © Disney c) artwork: Atelier ROCHE, München ARM
Marktwert : 35.- DM Einzelpuzzle 15,- DM Beipackzettel
Info : "Überraschung"

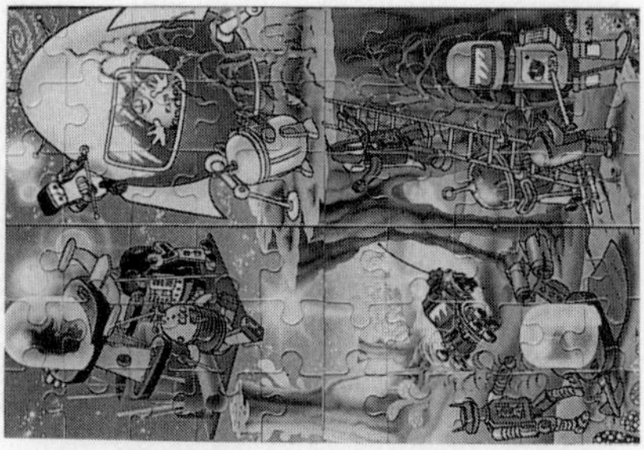

Weltraum

Umfang : 4 verschiedene Einzelpuzzles 15-teilig
Varianten :
Kennung : ARM

Marktwert : 70,- DM Einzelpuzzle
30,- DM Beipackzettel
Info : "Überraschung"

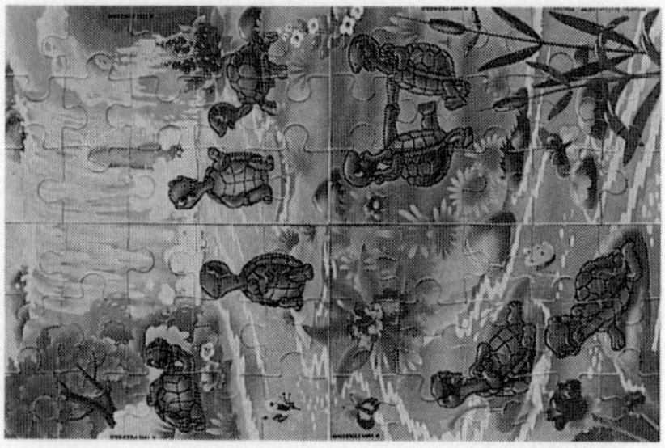

Tapsi Törtels

Umfang : 4 verschiedene Einzelpuzzles 15-teilig
Varianten :
Kennung : © 1984 FERRERO ARM
d) artwork: Atelier ROCHE, München
Marktwert : 50,- DM Einzelpuzzle
20,- DM Beipackzettel
Info : "Überraschung"

Fußballschlumpf

Umfang : 4 verschiedene Einzelpuzzles 15-teilig
Varianten :
Kennung : ARM
© PEYO 1988/IMPS Brüssel
Exclusiv für Ferrero
Marktwert : 25,- DM Einzelpuzzle
10,- DM Beipackzettel
Info : "Überraschung"

Happy Hippos

Umfang : 4 verschiedene Einzelpuzzles 15-teilig
Varianten : B.-zettel: Öko u. Glanzpapier
Kennung : © 1988 FERRERO ARM
d) artwork: Atelier ROCHE, Munich
Marktwert : 25,- DM Einzelpuzzle
10,- DM Beipackzettel
Info : "Überraschung"

Blumentopfzwerge

Umfang : 4 verschiedene Einzelpuzzles 15-teilig
Varianten :
Kennung : © 1988 FERRERO ARM

Marktwert : 30,- DM Einzelpuzzle
20,- DM Beipackzettel
Info : "Überraschung"

Aristocats

Umfang : 4 verschiedene Einzelpuzzles 15-teilig
Varianten :
Kennung : © Disney/FERRERO '89 ARM

Marktwert : 25,- DM Einzelpuzzles
10,- DM Beipackzettel
Info : "Überraschung"

Micky und seine tollen Freunde

Umfang : 4 verschiedene Einzelpuzzles 15-teilig
Varianten :
Kennung : ARM © Disney '89 FERRERO

Marktwert : 20,- DM Einzelpuzzle
10,- DM Beipackzettel
Info : "Überraschung"

Dribbel Boys

Umfang : 4 verschiedene Einzelpuzzles 15-teilig
Varianten : Beipackzettel auf Öko- oder Hochglanzpapier
Kennung : ARM © Disney '90 FERRERO
Marktwert : 20,- DM Einzelpuzzle
10,- DM Beipackzettel
Info : "Überraschung"

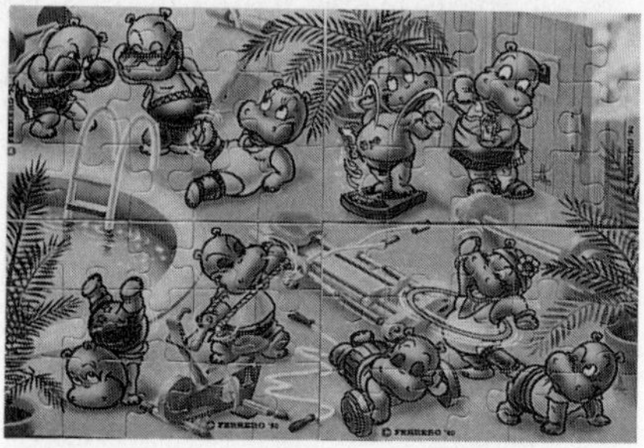

Happy Hippos

Umfang : 4 verschiedene Einzelpuzzles 15-teilig
Varianten :
Kennung : ARM © FERRERO '90

Marktwert : 20,- DM Einzelpuzzle
10,- DM Beipackzettel
Info : "Überraschung"

Happy Hippos

Umfang : 4 verschiede Einzelpuzzles 15-teilig
Varianten :
Kennung : © FERRERO D.'90
b) ARM
d) ARM
Marktwert : 30,- DM Einzelpuzzle
15,- DM Beipackzettel
Info : "Surprise"

Teeny Tapsi Törtels

Umfang : 4 verschiedene Einzelpuzzles 15-teilig
Varianten :
Kennung : © FERRERO '91 ARM

Marktwert : 15,- DM Einzelpuzzle
8,- DM Beipackzettel
Info : "Überraschung"

Teeny Tapsi Törtels

Umfang : 4 verschiedene Einzelpuzzles 15-teilig
Varianten :
Kennung : © FERRERO D.'91

Marktwert : 30,- DM Einzelpuzzle
15,- DM Beipackzettel
Info : "Overraskelse, Sorpresa, Surprise"

Badezimmerzwerge

Umfang : 4 verschiedene Einzelpuzzles
15-teilig
Varianten :
Kennung : © FERRERO '91

Marktwert : 15,- DM Einzelpuzzle
8,- DM Beipackzettel
Info : "Überraschung"

Krokoschule

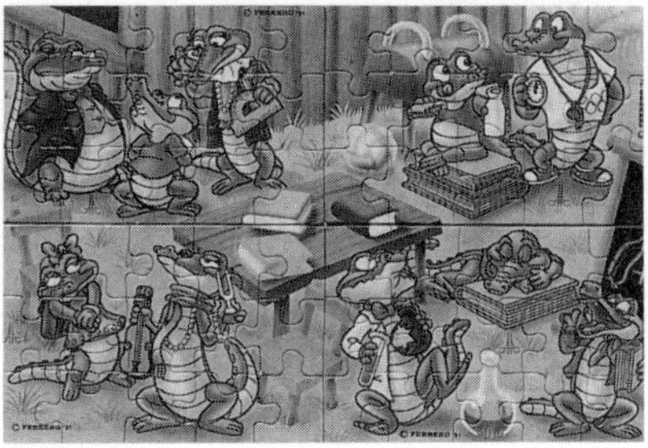

Umfang : 4 verschiedene Einzelpuzzles
15-teilig
Varianten :
Kennung : ARM © FERRERO '91

Marktwert : 10,- DM Einzelpuzzle
5,- DM Beipackzettel
Info : "Überraschung"

Krokoschule

Umfang : 4 verschiedene Einzelpuzzles
15-teilig
Varianten :
Kennung : © FERRERO D.'91

Marktwert : 30,- DM Einzelpuzzles
15,- DM Beipackzettel
Info : "Sorpresa"

Peppy Pingos

Umfang : 4 verschiedene Einzelpuzzles
15-teilig
Varianten :
Kennung : ARM © FERRERO '92

Marktwert : 10,- DM Einzelpuzzle
5,- DM Beipackzettel
Info : "Überraschung"

Schlangenfluß-Indianer

Umfang : 4 verschiedene Einzelpuzzles 15-teilig
Varianten :
Kennung : ARM © FERRERO '92

Marktwert : 10,- DM Einzelpuzzle
5,- DM Beipackzettel
Info : "Überraschung"

Happy Hippos, Traumschiff

Umfang : 4 verschiedene Einzelpuzzles 15-teilig
Varianten :
Kennung : ARM © FERRERO '92

Marktwert : 8,- DM Einzelpuzzle
3,- DM Beipackzettel
Info : "Überraschung"

Crazy Crocos

Umfang : 4 verschiedene Einzelpuzzles 15-teilig
Varianten :
Kennung : ARM © FERRERO '93

Marktwert : 8,- DM Einzelpuzzle
3,- DM Beipackzettel
Info : "Überraschung"

Le simpatiche Ranopla'

Umfang : 4 verschiedene Einzelpuzzles 15-teilig
Varianten :
Kennung : © FERRERO S.p.A. '93

Marktwert : 30,- DM Einzelpuzzle
15,- DM Beipackzettel
Info : "Sorpresa"

Drolly Dinos

Umfang : 4 verschiedene Einzelpuzzle
15-teilig
Varianten :
Kennung : ARM © FERRERO '93

Marktwert : 5,- DM Einzelpuzzle
2,- DM Beipackzettel
Info : "Überraschung"

Bill Body der Supersportler

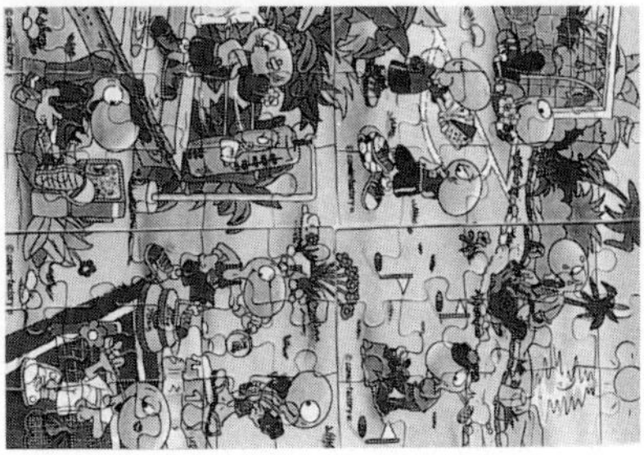

Umfang : 4 verschiedene Einzelpuzzles
15-teilig
Varianten :
Kennung : © comic factory 93

Marktwert : 5,- DM Einzelpuzzle
2,- DM Beipackzettel
Info : "Überraschung"

Zusatzinformation:

Im Herbst 1993 erscheinen in "Surprise, Sorpresa, Overraskelse" zur Steckfigurenserie "Peanuts" und zur Hartplastikserie "Badezimmerzwerge" jeweils 2 x 4 Super-Puzzles im größeren Format.

Kapitel - 3 -

Originale Dioramen

Olympiade der Schlümpfe (1983)

Diorama : Siegerpodest mit allen 8 Serienfiguren und einem orig. verpackten Überraschungsei, in durchsichtigem Kunststoffkarton.
Marktwert : Liebhaberpreis
Info : Aktionsstart unbekannt; Thekendisplay 72 Stück Sockeldisplay 144 Stück

Tao Tao und seine Freunde (1984)

Diorama :

Marktwert : Liebhaberpreis
Info : Aktionsstart unbekannt; weitere Infos lagen bei Redaktionsschluß nicht vor.

Objekt lag bei Redaktionsschluß noch nicht vor

Der kleine Kobold Pumuckl (1984)

Diorama : aufklappbare Spielfläche mit Würfel und 7 der 10 Serienfiguren.

Marktwert : Liebhaberpreis
300,- bis 500,- DM
Info : Aktionsstart unbekannt

Objekt lag bei Redaktionsschluß noch nicht vor

Dschungelbuch (1985)

Varianten Aufklappbuch mit allen Figuren aufgeklebt.

Marktwert : Liebhaberpreis
300,- bis 500,- DM
Info : Aktionsstart unbekannt

Objekt lag bei Redaktionsschluß noch nicht vor

Happy Frogs (1985)

Diorama : Glas mit allen Fröschen im Karton.

Marktwert : Liebhaberpreis
300,- bis 500,- DM

Info : Aktionsstart 3. Februar 1986

Die Biene Maja (1986)

Diorama : Bienenstock mit aufgeklebten Figuren.

Marktwert : Liebhaberpreis
500,- bis 700,- DM

Info : Aktionsstart 11. August 1986;
Thekendisplay 72 Stück
Sockeldisplay 144 Stück
Großdisplay 864 Stück

Objekt lag bei Redaktionsschluß noch nicht vor

Donalds flotte Familie (1986)

Diorama : Papptresor mit 9 Figuren; Oma Duck nur mit einer Kuchenvariante.

Marktwert : Liebhaberpreis
250,- bis 500,- DM

Info : Aktionsstart Herbst 1987/88

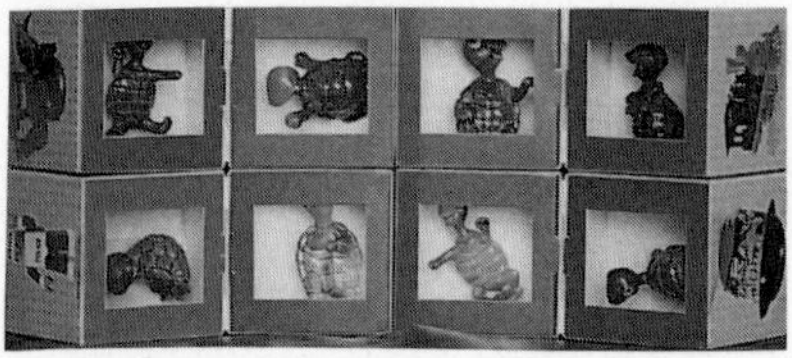

Tapsi Törtels (1986)

Diorama : Würfel aufklappbar mit 8 Fächern für alle Figuren.

Marktwert : Liebhaberpreis
200,- bis 300,- DM

Info : Aktionsstart 2. Februar 1987
Thekendisplay 72 Stück
Sockeldisplay 144 Stück
Großdisplay 864 Stück

Die Fußballschlümpfe (1988)

Diorama : Karton mit Fußballspielfeldhälfte mit Tor und allen 12 Serienfiguren zur Fußball-Europameisterschaft.

Marktwert : 300,- DM
Info : Aktionsstart unbekannt

Die Happy Hippos (1988)

Diorama : Insel mit allen Figuren; Palme als Kugelschreiber auf Plastikinsel in Pappröhre mit Werbeposter.

Kennung : © FERRERO
Marktwert : 180,- DM
Info :

Aristocats (1989)

Diorama : Pappkarton mit Skyline von Paris m. allen Figuren; Musikwerk ertönt beim Öffnen.
Kennung : © WALT DISNEY
Marktwert : 250,- DM
Info : Aktionsstart 23. Januar 1989 Aktionswerbung in ARD und ZDF ab 6.2.89; alle 3 Displays

Micky u. seine tollen Freunde (1989)

Diorama : Werbekarton mit allen Figuren vor der Skyline von Miami.

Kennung : © WALT DISNEY
Marktwert : 250,- DM
Info :

Die Dribbel Boys (1990)

Diorama : inselförmiges Plastikfußballfeld mit Tor; Radiergummistrauch; Figuren ohne Vereinsaufkleber; Kartondeckl m. Terminen d. Fußball-WM 1990.
Kennung : © WALT DISNEY
Marktwert : 220,- DM
Info : L. Libero m. gelber Krone

Happy Hippos Fitnessfieber (90)

Diorama : Pappkarton zum Aufklappen; Einrichtung als Fitnessclub mit allen 10 Serienfiguren.

Kennung : © FERRERO
Marktwert : 130,- DM
Info :

Teeny Tapsi Törtels (1991)

Diorama : Plastikinsel im Werbekarton mit allen Figuren.

Kennung : © FERRERO
Marktwert : 150,- DM
Info : Aktionsstart 21. Januar 91 Figur Flora m. gelbem Blütenstengel; Palme ist steckbar

Die Krokoschule (1991)

Diorama : Werbekarton als Lehrerpult m. 4 Klassenzimmern und allen Serienfiguren.

Kennung : © FERRERO
Marktwert : 120,- DM
Info :

Peppy Pingos (1992)

Diorama : Werbekarton mit Eisschollen und Polarkulisse mit allen Figuren.
Kennung : © FERRERO
Marktwert : 120,- DM
Info : Aktionsstart 20. Januar 92 K. Kohldampf ohne Korn auf Brötchen; Snowboard ohne Aufkleber

Happy Hippos Traumschiff ('92)

Diorama : Werbekarton mit Setzkasten und allen Figuren
Kennung : © FERRERO
Marktwert : 120,- DM
Info : Aktionsstart 11. Aug. 92 (witterungsabhängig) **Abbildung siehe 1.Farbseite**

Die Crazy Crocos (1993)

Diorama : Werbekarton mit Straßenkulisse und allen Figuren, drehbare Grundfläche mit Werbeaufdrucken.
Kennung : © FERRERO
Marktwert : 120,- DM
Info : Aktionsstart 18. Januar 93 Freddy offene Augen; Billy u. Benny o. Aufkleber

Drolly Dinos (1993)

Diorama : ausziehbarer Werbekarton mit Werbung sowie Dschungelkulisse und allen Figuren.
Kennung : © FERRERO 1993
Marktwert : 130,- DM
Info : Aktionsstart 11. Aug. 93 Thekendisplay 72 Stück Großdisplay 864 Stück

Kapitel - 4 -

Maxiserien

Maxiserien sind neuere Spielzeugserien, die nur in einer bestimmten Zeitspanne in großformatigen Überraschungseiern herausgegeben wurden. Bisher sind diese Serien lediglich im Ausland erschienen. Da die Verkäufe nur vor der Osterzeit stattfinden, ist die Auflage entsprechend niedrig.

Ein verpacktes Maxi-Überraschungsei, Höhe ca. 20 cm.

Serie 01

Bugs Bunny (1991)

10 Objekte

Omnibus mit Bugs Bunny

Angaben :
Zubehör : Bugs Bunny als Hartplastikfigur, Pappeinlage mit Fahrgästen
Kennung : Omnibus: BUGS BUNNY: © WARNER BROS
Marktwert : 40,- DM
Info : Omnibus: 9-teilig, steckbar
Orig. Beipackzettel: 10,- DM

Käfig, Kranauto / Tweety, Sylvester

Zubehör : Tweety und Sylvester als Hartplastikfiguren; Kranauto und Käfig
Kennung : Tweety u. Sylvester: © WARNER BROS
Marktwert : 55,- DM
Info : Käfig, 4-teilig, steckbar
Kranauto, 6-teilig, steckbar
Orig. Beipackzettel: 10,- DM

Haus mit Tweety und Sylvester

Varianten : Haus in grün und gelb
Zubehör : Tweety u. Sylvester als Hartplastikfiguren, Zettel als Rasen
Kennung : Tweety u. Sylvester: © WARNER BROS
Marktwert : 60,- DM
Info : Haus, 13-teilig, steckbar
Orig. Beipackzettel: 10,- DM

Seifenkiste / Coyote, Roadrunner

Zubehör : Wile E. Coyote u. Roadrunner als Hartplastikfiguren
Kennung : Seifenkiste: GIODI
Coyote u. Roadrunner:
© WARNER BROS
Marktwert : 45,- DM
Info : Seifenk., 9-teilig, steckbar
Orig. Bpz.:10,- DM

Raketenrampe / Coyote, Roadrunner

Zubehör : Wile E. Coyote u. Roadrunner als Hartplastikfigur, 2 Aufkleber für Rakete
Kennung : Coyote und Roadrunner:
© WARNER BROS
Marktwert : 45,- DM
Info : Raketenrampe, 4-teilig, steckbar
Orig. Beipackzettel: 10,- DM

Hazienda mit Speedy Gonzales

Zubehör : Speedy Gonzales als Hartplastikfigur, 5 Aufkleber für Schränke, Bett und Auto, 2 Aufkleber für Auto
Kennung : Speedy Gonzales:
© WARNER BROS
Marktwert : 60,- DM
Info : Hazienda, 9-teilig, steckbar
Orig. Beipackzettel: 10,- DM

Plüschfigur Bugs Bunny

Angaben :
Zubehör : ohne

Kennung : R CAM-toys WB TM&C
1991 WARNER BROS INC

Marktwert : 45,- DM
Info : Orig. Beipackzettel: 10,- DM

Plüschfigur Sylvester

Angaben :
Zubehör : ohne

Kennung : R CAM-toys WB TM& C
1991 WARNER BROS INC

Marktwert : 45,- DM
Info : Orig. Beipackzettel: 10,- DM

Plüschfigur Tweety

Varianten : Augenwimpern aufgemalt oder aufgenäht; mit oder ohne Halsschleife
Zubehör : ohne
Kennung : R CAM-toys WB TM& C
1991 WARNER BROS INC

Marktwert : 45,- DM
Info : Orig. Beipackzettel: 10,- DM

Plüschfigur Speedy Gonzales

Angaben :
Zubehör : ohne

Kennung :

Marktwert : 45,- DM
Info : Orig. Beipackzettel: 10,- DM

Figur lag bei Redaktionsschluß noch nicht vor

Serie 02

Schlümpfe (1991)

6 Objekte

Kl. Schlumpfhaus, Stelzenschlumpf

Angaben :
Zubehör : Stelzenschlumpf ohne Stelzen als Hartplastikfigur; Aufkleber für das Dach
Kennung : Stelzenschlumpf: © PEYO 1993 EL
Marktwert : 40,- DM
Info : Haus, 8-teilig, steckbar
Orig. Beipackzettel: 10,- DM

Gr. Schlumpfhaus, Stelzenschlumpf

Angaben :
Zubehör : Stelzenschlumpf ohne Stelzen als Hartplastikfigur, 5 Aufkleber für das Dach
Kennung : Stelzenschlumpf: © PEYO 1993 EL
Marktwert : 40,- DM
Info : Haus, 6-teilig, steckbar
Orig. Beipackzettel: 10,- DM

Aeroauto mit Eierlaufschlumpf

Angaben :
Zubehör : Eierlaufschlumpf ohne Löffel und Ei, Aufkleber für den Pilzhut
Kennung : Eierlaufschlumpf: © PEYO 1993 EL
Marktwert : 40,- DM
Info : Aeroauto, 7-teilig, steckbar
Orig. Beipackzettel: 10,- DM

Ballon mit Stelzenschlumpf

Angaben :
Zubehör : Stelzenschlumpf ohne Stelzen als Hartplastikfigur
Stelzenschlumpf:
Kennung : © PEYO 1993 EL
Marktwert : 40,- DM
Info : Ballon, 4-teilig, steckbar
Orig. Beipackzettel: 10,- DM

Windmühle m. Hüpfschlumpfinchen

Zubehör : Hüpfschlumpfinchen ohne Seil als Hartplastikfigur, 4 Aufkleber für Flügel, Aufkleber für das Dach
Kennung : Hüpfschlumpfinchen:
© PEYO 1993 EL
Marktwert : 60,- DM
Info : Mühle, 12-teilig, steckbar
Orig. Beipackzettel: 10,- DM

Plüschfigur Papa Schlumpf

Figur lag bei Redaktionsschluß noch nicht vor

Angaben :
Zubehör :

Kennung :

Marktwert : 60,- DM
Info :

Serie 03

Tom & Jerry (1993)

11 Objekte

Burg mit Tom & Jerry als Musketier

Zubehör : Musketier Tom & Jerry als Hartplastikfigur, Aufkleber für Fahne, Packzettel als Grundfläche
Kennung : Tom & Jerry: © 1993 TURNER
Marktwert : 55,- DM
Info : Burg, 11-teilig, steckbar
Orig. Beipackzettel: 10,- DM

Taverne / Tom & Jerry als Musketier

Zubehör : Musketiere Tom & Jerry als Hartplastikfiguren, Aufkleber für Hauswand, Zimmerwand, Laterne und Schild "Taverna"
Kennung : Tom & Jerry: © 1993 TURNER
Marktwert : 55,- DM
Info : Taverne, 10-teilig, steckbar
Orig. Beipackzettel: 10,- DM

Haus mit Spike und Tyke

Objekt lag bei Redaktionsschluß noch nicht vor

Angaben :
Zubehör :

Kennung :

Marktwert : 55,- DM
Info : Orig. Beipackzettel: 10,- DM

Space Shuttle mit Tom & Jerry

Angaben :
Zubehör :

Kennung :

Marktwert : 50,- DM
Info : Orig. Beipackzettel: 10,- DM

Objekt lag bei Redaktionsschluß noch nicht vor

Autoscooter mit Tom & Jerry

Zubehör : Tom & Jerry als Hartplastikfiguren, 10 Aufkleber für beid Autoscooter
Kennung : Tom & Jerry: © 1990 TURNER
Marktwert : 50,- DM
Info : Autoscooter, jeweils 5-teilig, steckbar
Orig. Beipackzettel: 10,- DM

Floß mit Tom & Jerry

Angaben :
Zubehör : Tom & Jerry als Hartplastikfiguren, Aufkleber als Fahne, Stoffsegel
Kennung : Tom & Jerry: © 1993 TURNER
Marktwert : 60,- DM
Info : Floß, 15-teilig, steckbar
Orig. Beipackzettel: 10,- DM

Plüschfigur Tom

Angaben :
Zubehör :

Kennung :

Marktwert : 30,- DM
Info : Orig. Beipackzettel: 10,- DM

Plüschfigur Jerry

Angaben :
Zubehör :

Kennung :

Marktwert : 30,- DM
Info : Orig. Beipackzettel: 10,- DM

Plüschfigur Tyke

Figur lag bei Redaktionsschluß noch nicht vor

Angaben :
Zubehör :

Kennung :

Marktwert :
Info :

Plüschfigur Tom als Musketier

Angaben :
Zubehör :

Kennung : © 1993 TURNER ENTERTAIN CO:

Marktwert : 50,- DM
Info : Orig. Beipackzettel: 10,- DM

Plüschfigur Jerry als Musketier

Figur lag bei Redaktionsschluß noch nicht vor

Angaben :
Zubehör :

Kennung :

Marktwert :
Info :

Serie 04

Coccodritti (1991)

2 Objekte

Krokoschule mit Prof. Giotto Panciotto und Lallo Intervallo

Zubehör	:	Prof. Giotto Panciotto und Lallo Intervallo als Hartplastikfiguren, 10 Aufkleber für das Haus
Kennung	:	Panciotto und Intervallo: © FERRERO 1992 A / D
Marktwert	:	55,- DM
Info	:	Schule, 8-teilig, steckbar Orig. Beipackzettel: 10,- DM

Krokoschiff mit Rosa Vanitosa und Gin Ginnastica

Zubehör	:	Rosa Vanitosa und Gin Ginnastica als Hartplastikfiguren, Stoffsegel
Kennung	:	Vanitosa und Ginnastica: © FERRERO 1992 G / H
Marktwert	:	60,- DM
Info	:	Schiff, 11-teilig, steckbar Orig. Beipackzettel: 10,- DM

Kapitel - 5 -

Figurenserien in Farbe

Die schönsten

Figuren-Serien

in Farbe

Popeye und seine Freunde

Popeye und seine Freunde 2. Teil

Bugs Bunny, Sylvester and Friends

Bugs Bunny, Sylvester and Friends 2. Teil

Die Sieben Zwerge

Die Blumentopfzwerge

Die Badezimmerzwerge

Die Zunft der Zwerge

Die neuen Blumentopfzwerge

Die ganz neuen Blumentopfzwerge

Tao Tao und seine Freunde

Schlümpfe

Die Fußballschlümpfe

Olympiade der Schlümpfe

Super-Mini-Schlumpf-Parade

Asterix (1975)

Asterix (1981)

Asterix (1990)

Asterix (1990) 2. Teil

Die Tapsi Törtels

Teeny Tapsi Törtels

Le sympatiche Ranopla

Happy Frogs

Tom & Jerry

Tom & Jerry 2. Teil

Waldtiere (Robin Hood)

Robin Hood

Pink Panther

Disney Figuren

Olympia Goofy

Daniel Düsentrieb

Donald und seine Freunde auf Safari

Donald und seine Freunde auf Safari 2. Teil

Donald und seine Freunde

Donalds flotte Familie

Micky und seine Freunde

Disney Charakterfiguren

Micky & Company 2. Teil (nicht komplett)

Dschungelbuch

Saurier

Tierfiguren 2. Teil

Die Indianer vom Schlangenfluß

Im Wikinger-Lager

Der kleine Kobold Pumuckl

Die Biene Maja

Die Happy Hippos (1988) / Diorama

Teeny Tapsi Törtels / Diorama

Die Dribbel Boys / Diorama

Aristocats
Diorama

Peppy Pingos
Diorama

Die Kroko-Schule / Diorama

Happy Hippos im Fitness Fieber
Diorama

Die Crazy Crocos / Diorama

Weltraum

Tao Tao

Tapsi Törtel

Dschungelbuch

Kupfer **Messing** **brüniert** **Silber**

Eisen **Grünspan** **Gold** **Chrom**

Hinweis:
Neben den links abgebildeten Hauptfarben, tritt bei einigen Metallfiguren der Farbton "Zink" auf.

Kapitel -6-

Metall-Miniaturen

Serie 01

Römer 100 - 400 n. Chr.

4 Figuren (40 mm)

Centurio

Angaben : Hauptmann, Subalternoffizier, Rom um 100 - 300 n. Chr.

Farben : a) Eisen
b) brüniert

Kennung : ovales Fußbrett ohne Kennung

Marktwert : a) 10,- DM
b) 4,- DM

Info :

Legionär

Angaben : mit Schild und Schwert, Rom um 100 - 300 n. Chr.

Farben : a) Eisen
b) brüniert

Kennung : ovales Fußbrett ohne Kennung

Marktwert : a) 10,- DM
b) 4,- DM

Info :

Legionär

Angaben : aus Gardetruppe, mit Schwert und Bogen, Rom um 100 - 400 n. Chr.

Farben : a) Eisen
b) brüniert

Kennung : ovales Fußbrett ohne Kennung

Marktwert : a) 10,- DM
b) 4,- DM

Info :

Gladiator

Angaben : mit Schwert und Rundschild, Rom um 100 - 400 n. Chr.

Farben : a) Eisen
b) brüniert

Kennung : ovales Fußbrett ohne Kennung

Marktwert : a) 10,- DM
b) 4,- DM

Info :

Serie 02

Griechiche Krieger (Spartaner)

4 Figuren (40 mm)

Hoplit

Angaben : schwerbewaffneter Krieger mit Schwert und Streitaxt, um 500 - 300 v. Chr.

Farben : a) Silber
b) brüniert

Kennung : ovales Fußbrett ohne Kennung

Marktwert : a) 10,- DM
b) 3,- DM

Info :

Hoplit

Angaben : schwerbewaffneter Krieger mit Schild nach vorn und Schwert, um 500 - 300 v. Chr.

Farben : a) Silber
b) brüniert

Kennung : ovales Fußbrett ohne Kennung

Marktwert : a) 10,- DM
b) 3,- DM

Info :

Hoplit

Angaben : schwerbewaffneter Krieger mit Schwert nach hinten und Schwert in der Hand, um 500 - 300 v. Chr.
Farben : a) Silber
b) brüniert
Kennung : ovales Fußbrett ohne Kennung
Marktwert : a) 10,- DM
b) 3,- DM

Hoplit

Angaben : schwerbewaffenter Krieger mit Schild und Schwert erhoben, um 500 - 300 v. Chr.
Farben : a) Silber
b) brüniert
Kennung : ovales Fußbrett ohne Kennung
Marktwert : a) 10,- DM
b) 3,- DM
Info :

Serie 03

Krieger 1. - 12. Jh.

4 Figuren (40 mm)

Gallischer oder Germanischer Fürst

Angaben : mit Rundschild und Doppelaxt, Helm mit Flügeln
Farben : a) brüniert
b) Zink
Kennung : ovales Fußbrett ohne Kennung
Marktwert : a) 3,- DM
b) 6,- DM
Info :

Germanischer Fürst

Angaben : mit blankem Schwert, Helm mit Flügeln und Fellbehang

Farben : a) brüniert
b) Zink
Kennung : ovales Fußbrett ohne Kennung
Marktwert : a) 3,- DM
b) 6,- DM
Info :

Normannischer Krieger

Angaben : im Panzerhemd mit Schwert und Schild

Farben : a) brüniert
b) Zink
Kennung : ovales Fußbrett ohne Kennung
Marktwert : a) 3,- DM
b) 6,- DM
Info :

Englischer Kriegsknecht

Angaben : mit Schwert und Schild, um 1300

Farben : a) brüniert
b) Zink
Kennung : ovales Fußbrett ohne Kennung
Marktwert : a) 3,- DM
b) 6,- DM
Info :

Serie 04

19. Jahrhundert

4 Figuren (40 mm)

Hauptmann

Angaben : 10. Infanterieregiment, Polen um 1831

Farben : a) brüniert
b) Zink

Kennung : ovales Fußbrett ohne Kennung

Marktwert : a) 3,- DM
b) 6,- DM

Info :

Gemeiner Soldat

Angaben : 3. Zuaven-Regiment, Frankreich um 1854

Farben : a) brüniert
b) Zink

Kennung : ovales Fußbrett ohne Kennung

Marktwert : a) 3,- DM
b) 6,- DM

Info :

Gemeiner Soldat

Angaben : 58. Rutlandshire-Regiment, Großbritannien um 1880

Farben : a) brüniert
b) Zink

Kennung : ovales Fußbrett ohne Kennung

Marktwert : a) 3,- DM
b) 6,- DM

Info :

Evzone

Angaben : Gardist der königlichen Garde Griechenland um 1913

Farben : a) brüniert
b) Zink

Kennung : ovales Fußbrett ohne Kennung

Marktwert : a) 3,- DM
b) 6,- DM

Info :

Serie 05

Napoleonische Soldaten (1808 - 1813)

4 Figuren (40 mm)

Offizier

Angaben : 10.Linien-Infanterie-Regiment Tirailleur-Grenadiere, Frankreich

Farben : brüniert

Kennung : ovales Fußbrett ohne Kennung

Marktwert : 6,- DM

Info :

Offizier

Angaben : 1. Linien-Infanterie-Regiment Tirailleur-Grenadiere, Frankreich

Farben : brüniert

Kennung : ovales Fußbrett ohne Kennung

Marktwert : 6,- DM

Info :

Grenadier

Angaben : 3. Linien-Infanterie-Regiment Tirailleur-Grenadiere, Frankreich
Farben : brüniert
Kennung : ovales Fußbrett ohne Kennung

Marktwert : 6,- DM
Info :

Kanonier

Angaben : Artillerie-Train, Frankreich

Farben : brüniert
Kennung : ovales Fußbrett ohne Kennung

Marktwert : 6,- DM
Info :

Serie 06

Piraten

4 Figuren (40 mm)

Pirat

Angaben : Schwert ziehend, um 1650

Farben : brüniert
Kennung : ovales Fußbrett ohne Kennung

Marktwert : Liebhaberpreis 75,- bis 150,- DM
Info :

Pirat

Angaben : mit Pistole,
um 1650

Farben : brüniert
Kennung : ovales Fußbrett ohne Kennung

Marktwert : Liebhaberpreis
75,- bis 150,- DM
Info :

Pirat

Angaben : mit Schwert und Schatzkiste,
um 1650

Farben : brüniert
Kennung : ovales Fußbrett ohne Kennung

Marktwert : Liebhaberpreis
75,- bis 150,- DM
Info :

Pirat

Angaben : mit Schwert und Hakenhand,
um 1650

Farben : brüniert
Kennung : ovales Fußbrett ohne Kennung

Marktwert : Liebhaberpreis
75,- bis 150,- DM
Info :

Serie 07

Berufe

4 Figuren (40 mm)

Arzt

Angaben : Deutschland, um 1970

Farben : Eisen
Kennung : ovales Fußbrett ohne Kennung

Marktwert : 25,- DM
Info :

Büroangestellter

Angaben : Deutschland, um 1970

Farben : Eisen
Kennung : ovales Fußbrett ohne Kennung

Marktwert : 25,- DM
Info :

Jurist

Angaben : Deutschland, um 1970

Farben : Eisen
Kennung : ovales Fußbrett ohne Kennung

Marktwert : 25,- DM
Info :

Architekt

Angaben : Deutschland,
um 1970

Farben : Eisen
Kennung : ovales Fußbrett ohne Kennung

Marktwert : 25,- DM
Info :

Serie 08

Zivilisten

4 Figuren (40 mm)

Wachmann

Figur lag bei Redaktionsschluß noch nicht vor

Angaben :

Farben : Eisen
Kennung : ovales Fußbrett ohne Kennung

Marktwert : 25,- DM
Info :

Spaziergänger

Figur lag bei Redaktionsschluß noch nicht vor

Angaben :

Farben : Eisen
Kennung : ovales Fußbrett ohne Kennung

Marktwert : 25,- DM
Info :

Figur lag bei Redaktionsschluß noch nicht vor

Hausfrau

Angaben :

Farben : Eisen
Kennung : ovales Fußbrett ohne Kennung

Marktwert : 25,- DM
Info :

Figur lag bei Redaktionsschluß noch nicht vor

Spaziergängerin

Angaben :

Farben : Eisen
Kennung : ovales Fußbrett ohne Kennung

Marktwert : 25,- DM
Info :

Serie 09

Soldaten 14. - 16. Jhd.

6 Figuren (40 mm)

Deutscher Kriegsknecht

Angaben : mit Schwert und Wappenrock, um 1350

Farben : a) brüniert
Kennung : b) Zink
ovales Fußbrett ohne Kennung
Marktwert : a) 2,- DM
b) 4,- DM
Info :

Ritter

Angaben : mit Streitaxt und Wappenschild, um 1550

Farben : a) brüniert
b) Zink

Kennung : ovales Fußbrett ohne Kennung

Marktwert : a) 2,- DM
b) 4,- DM

Info :

Ritter

Angaben : ohne Wappenzeichen im Schild, um 1550

Farben : Messing

Kennung : ovaler hoher Sockel ohne Kennung

Marktwert : 20,- DM

Info :

Figur lag bei Redaktionsschluß noch nicht vor

Pikenier

Angaben : Spanischer Söldner mit Schwert, um 1600

Farben : a) brüniert
b) Zink

Kennung : ovales Fußbrett ohne Kennung

Marktwert : a) 2,- DM
b) 4,- DM

Info :

Musketier

Angaben : Königliche Garde Ludwig XIII, Frankreich, um 1670

Farben : a) brüniert
b) Zink

Kennung : ovales Fußbrett ohne Kennung

Marktwert : a) 2,- DM
b) 4,- DM

Info :

Musketier

Angaben : Garde der Königin, um 1670

Farben : Messing
Kennung : ovaler hoher Sockel ohne Kennung

Marktwert : 20,- DM
Info :

Serie 10
Schotten (1850 - 1908)
6 Figuren (40 mm)

Serie 11
Schotten (1850 - 1908)
6 Figuren (35 mm)

Dragoneroffizier

Angaben	: Royal Dragons	siehe links
Farben	: a) Silber b) Eisen c) Grünspan	a) Messing b) Eisen c) Kupfer
Kennung	: 4A (bei Silber)	F-31
Marktwert	: a) 3,- DM b) 3,- DM c) 4,- DM	a) 10,- DM b) 10,- DM c) 10,- DM

Generaloffizier

Angaben	: in großer Uniform	siehe links
Farben	: a) Silber b) Eisen c) Grünspan	a) Messing b) Eisen c) Kupfer
Kennung	: 4B (bei Silber)	F-32
Marktwert	: a) 3,- DM b) 3,- DM c) 4,- DM	a) 10,- DM b) 10,- DM c) 10,- DM

Ausbilderoffizier

Angaben	:	42. Regiment	siehe links
Farben	:	a) Silber	a) Messing
		b) Eisen	b) Eisen
		c) Grünspan	c) Kupfer
Kennung	:	4C (bei Silber)	F-33
Marktwert	:	a) 3,- DM	a) 10,- DM
		b) 3,- DM	b) 10,- DM
		c) 4,- DM	c) 10,- DM

Kapellmeister (Regimentstambour)

Angaben	:	in Parade-uniform	siehe links
Farben	:	a) Silber	a) Messing
		b) Eisen	b) Eisen
		c) Grünspan	c) Kupfer
Kennung	:	4D (bei Silber)	F-34
Marktwert	:	a) 3,- DM	a) 10,- DM
		b) 3,- DM	b) 10,- DM
		c) 4,- DM	c) 10,- DM

Dudelsackpfeifer

Angaben	:	des Regiments	siehe links
Farben	:	a) Silber	a) Messing
		b) Eisen	b) Eisen
		c) Grünspan	c) Kupfer
Kennung	:	4B (bei Silber)	F-35
Marktwert	:	a) 3,- DM	a) 10,- DM
		b) 3,- DM	b) 10,- DM
		c) 4,- DM	c) 10,- DM

Korporal

Angaben	:	der leichten Infanterie	siehe links
Farben	:	a) Silber	a) Messing
		b) Eisen	b) Eisen
		c) Grünspan	c) Kupfer
Kennung	:	4F (bei Silber)	F-36
Marktwert	:	a) 3,- DM	a) 10,- DM
		b) 3,- DM	b) 10,- DM
		c) 4,- DM	c) 10,- DM

Serie 12

Krieger

6 Figuren (40 mm)

Serie 13

Krieger

6 Figuren (35 mm)

Chinesischer Krieger

Angaben	:	mit Schwert und Schild	siehe links
Farben	:	a) Eisen b) Kupfer	a) Messing b) Eisen c) Kupfer
Kennung	:	9-A	I-49
Marktwert	:	a) 2,- DM b) 2,- DM	a) 10,- DM b) 10,- DM c) 10,- DM

Chinesischer Krieger

Angaben	:	mit Schwert und Bogen	siehe links
Farben	:	a) Eisen b) Kupfer	a) Messing b) Eisen c) Kupfer
Kennung	:	9-B	I-50
Marktwert	:	a) 2,- DM b) 2,- DM	a) 10,- DM b) 10,- DM c) 10,- DM

Hunne (Tartare)

Angaben	:	m.Schild, Axt u. Lederpanzer	siehe links
Farben	:	a) Eisen b) Kupfer	a) Messing b) Eisen c) Kupfer
Kennung	:	9-C	I-51
Marktwert	:	a) 2,- DM b) 2,- DM	a) 10,- DM b) 10,- DM c) 10,- DM

Fränkischer Krieger

Angaben	: m. Schild und Doppelaxt	siehe links
Farben	: a) Eisen b) Kupfer	a) Messing b) Eisen c) Kupfer
Kennung	: 9-D	I-52
Marktwert	: a) 2,- DM b) 2,- DM	a) 10,- DM b) 10,- DM c) 10,- DM

Fränkischer Krieger

Angaben	: blank.Schwert, Schild Rücken	siehe links
Farben	: a) Eisen b) Kupfer	a) Messing b) Eisen c) Kupfer
Kennung	: 9-E	I-53
Marktwert	: a) 2,- DM b) 2,- DM	a) 10,- DM b) 10,- DM c) 10,- DM

Chinesischer Krieger

Angaben	: kurz. Schwert u. Doppelaxt	siehe links
Farben	: a) Eisen b) Kupfer	a) Messing b) Eisen c) Kupfer
Kennung	: 9-F	I-54
Marktwert	: a) 2,- DM b) 2,- DM	a) 10,- DM b) 10,- DM c) 10,- DM

Serie 14
Ägypter
6 Figuren (40 mm)

Serie 15
Ägypter
6 Figuren (35 mm)

Pharao

Angaben	: 1500 - 1100 v. Chr.	siehe links
Farben	: a) Silber b) Eisen	a) Messing b) Eisen c) Kupfer
Kennung	: 10-A	L-55
Marktwert	: a) 4,- DM b) 4,- DM	a) 10,- DM b) 10,- DM c) 10,- DM

Pharao

Angaben	: 1100 - 600 v. Chr.	siehe links
Farben	: a) Silber b) Eisen	a) Messing b) Eisen c) Kupfer
Kennung	: 10-B	L-56
Marktwert	: a) 4,- DM b) 4,- DM	a) 10,- DM b) 10,- DM c) 10,- DM

Würdenträger des Pharao

Angaben	: 1350 - 1200 v. Chr.	siehe links
Farben	: a) Silber b) Eisen	a) Messing b) Eisen c) Kupfer
Kennung	: 10-C	L-57
Marktwert	: a) 4,- DM b) 4,- DM	a) 10,- DM b) 10,- DM c) 10,- DM

Pharao

Angaben	: 3500 - 3000 v. Chr.	siehe links
Farben	: a) Silber b) Eisen	a) Messing b) Eisen c) Kupfer
Kennung	: 10-D	L-58
Marktwert	: a) 4,- DM b) 4,- DM	a) 10,- DM b) 10,- DM c) 10,- DM

Wächter des Pharao

Angaben	: 1350 - 1200 v. Chr.	siehe links
Farben	: a) Silber b) Eisen	a) Messing b) Eisen c) Kupfer
Kennung	: 10-E	L-59
Marktwert	: a) 4,- DM b) 4,- DM	a) 10,- DM b) 10,- DM c) 10,- DM

Priester

Angaben	: 1600 - 1100 v. Chr.	siehe links
Farben	: a) Silber b) Eisen	a) Messing b) Eisen c) Kupfer
Kennung	: 10-F	L-60
Marktwert	: a) 4,- DM b) 4,- DM	a) 10,- DM b) 10,- DM c) 10,- DM

Serie 16
Wikinger
6 Figuren (40 mm) "Überraschung"

Serie 17
Wikinger
6 Figuren (35 mm)

Wikinger

Angaben	:	Schwert,Helm Schild,Hörner	siehe links
Farben	:	Kupfer	a) Messing b) Eisen c) Kupfer
Kennung	:	ohne	A-4
Marktwert	:	3,- DM	a) 10,- DM b) 10,- DM c) 10,- DM

Wikinger

Angaben	:	Schwert, Helm mit Flügeln	siehe links
Farben	:	Kupfer	a) Messing b) Eisen c) Kupfer
Kennung	:	ohne	A-3
Marktwert	:	3,- DM	a) 10,- DM b) 10,- DM c) 10,- DM

Wikinger

Angaben	:	m. Messer und Doppelaxt	siehe links
Farben	:	Kupfer	a) Messing b) Eisen c) Kupfer
Kennung	:	ohne	A-6
Marktwert	:	3,- DM	a) 10,- DM b) 10,- DM c) 10,- DM

Wikinger

Angaben	: Fuß auf Stein Helm (Flügel)	siehe links
Farben	: Kupfer	a) Messing b) Eisen c) Kupfer
Kennung	: ohne	A-1
Marktwert	: 3,- DM	a) 10,- DM b) 10,- DM c) 10,- DM

Wikinger

Angaben	: Helm mit kleinen Hörnern	siehe links
Farben	: Kupfer	a) Messing b) Eisen c) Kupfer
Kennung	: ohne	A-5
Marktwert	: 3,- DM	a) 10,- DM b) 10,- DM c) 10,- DM

Wikinger

Angaben	: m. ziehendem Schwert	siehe links
Farben	: Kupfer	a) Messing b) Eisen c) Kupfer
Kennung	: ohne	A-2
Marktwert	: 3,- DM	a) 10,- DM b) 10,- DM c) 10,- DM

Serie 18

Römer

6 Figuren (40 mm) "Überraschung"

Serie 19

Römer

6 Figuren (35 mm)

Auxilarius (Hilfe leistender)

Angaben	: Germanischer Söldner (Rom)	siehe links
Farben	: Eisen	a) Messing b) Eisen c) Kupfer
Kennung	: ohne	B-11
Marktwert	: 2,- DM	a) 10,- DM b) 10,- DM c) 10,- DM

Legat (Unterfeldherr)

Angaben	: röm. General, um 100 n.Chr.	siehe links
Farben	: Eisen	a) Messing b) Eisen c) Kupfer
Kennung	: ohne	B-7
Marktwert	: 2,- DM	a) 10,- DM b) 10,- DM c) 10,- DM

Centurio (Hauptmann)

Angaben	: Phalerne um 100 n. Chr.	siehe links
Farben	: Eisen	a) Messing b) Eisen c) Kupfer
Kennung	: ohne	B-8
Marktwert	: 2,- DM	a) 10,- DM b) 10,- DM c) 10,- DM

Vexilarius (Fahnenträger)

Angaben	: Signifer-Fähnrich	siehe links
Farben	: Eisen	a) Messing b) Eisen c) Kupfer
Kennung	: ohne	B-9
Marktwert	: 2,- DM	a) 10,- DM b) 10,- DM c) 10,- DM

Centurio (Hauptmann)

Angaben	: mit Helm um 200 n.Chr.	siehe links
Farben	: Eisen	a) Messing b) Eisen c) Kupfer
Kennung	: ohne	B-10
Marktwert	: 2,- DM	a) 10,- DM b) 10,- DM c) 10,- DM

Thrax

Angaben	: Gladiator mit Krummsäbel	siehe links
Farben	: Eisen	a) Messing b) Eisen c) Kupfer
Kennung	: ohne	B-12
Marktwert	: 2,- DM	a) 10,- DM b) 10,- DM c) 10,- DM

Serie 20
Ritter
6 Figuren (40 mm) "Überraschung"

Serie 21
Ritter
6 Figuren (35 mm)

Ritter

Angaben :	um 1350	siehe links
Farben :	a) Eisen b) Grünspan	a) Messing b) Eisen c) Kupfer
Kennung :	ohne	C-13
Marktwert :	a) 3,- DM b) 4,- DM	a) 10,- DM b) 10,- DM c) 10,- DM

Fränkischer Krieger

Angaben :	um 950	siehe links
Farben :	a) Eisen b) Grünspan	a) Messing b) Eisen c) Kupfer
Kennung :	ohne	C-14
Marktwert :	a) 3,- DM b) 4,- DM	a) 10,- DM b) 10,- DM c) 10,- DM

Ritter

Angaben :	um 1450	siehe links
Farben :	a) Eisen b) Grünspan	a) Messing b) Eisen c) Kupfer
Kennung :	ohne	C-15
Marktwert :	a) 3,- DM b) 4,- DM	a) 10,- DM b) 10,- DM c) 10,- DM

Ritter

Angaben	: um 1450	siehe links
Farben	: a) Eisen b) Grünspan	a) Messing b) Eisen c) Kupfer
Kennung	: ohne	C-16
Marktwert	: a) 3,- DM b) 4,- DM	a) 10,- DM b) 10,- DM c) 10,- DM

Arkebusier

Angaben	: Söldner, Spanien um 1630	siehe links
Farben	: a) Eisen b) Grünspan	a) Messing b) Eisen c) Kupfer
Kennung	: ohne	C-17
Marktwert	: a) 3,- DM b) 4,- DM	a) 10,- DM b) 10,- DM c) 10,- DM

Hoplit (Griechischer Krieger)

Angaben	: um 400 v.Chr.	siehe links
Farben	: a) Eisen b) Grünspan	a) Messing b) Eisen c) Kupfer
Kennung	: ohne	C-18
Marktwert	: a) 3,- DM b) 4,- DM	a) 10,- DM b) 10,- DM c) 10,- DM

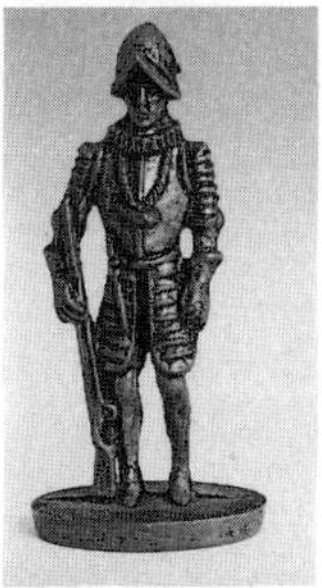

Serie 22
Musketiere
6 Figuren (40 mm) "Überraschung"

Serie 23
Musketiere
6 Figuren (35 mm)

Musketier (Spanien um 1650)

Angaben	:	der Königlichen Garde	siehe links
Farben	:	a) Silber b) Messing c) Grünspan	a) Messing b) Eisen c) Kupfer
Kennung	:	Nr. 1	E-25
Marktwert	:	a) 2,- DM b) 5,- DM c) 3,- DM	a) 10,- DM b) 10,- DM c) 10,- DM

Musketier (Frankreich 1618 - 1700)

Angaben	:	Musketier mit Mantel	siehe links
Farben	:	a) Silber b) Messing c) Grünspan	a) Messing b) Eisen c) Kupfer
Kennung	:	Nr. 2	E-26
Marktwert	:	a) 2,- DM b) 5,- DM c) 3,- DM	a) 10,- DM b) 10,- DM c) 10,- DM

Pickeur (Frankreich 1618)

Angaben	:	mit Rüstung und Zubehör	siehe links
Farben	:	a) Silber b) Messing c) Grünspan	a) Messing b) Eisen c) Kupfer
Kennung	:	Nr. 3	E-27
Marktwert	:	a) 2,- DM b) 5,- DM c) 3,- DM	a) 10,- DM b) 10,- DM c) 10,- DM

Söldner (Niederlande 1600 - 1670)

Angaben	: Flämischer Söldner	siehe links
Farben	: a) Silber b) Messing c) Grünspan	a) Messing b) Eisen c) Kupfer
Kennung	: Nr. 4	E-28
Marktwert	: a) 2,- DM b) 5,- DM c) 3,- DM	a) 10,- DM b) 10,- DM c) 10,- DM

Ritter (Schweden 1660)

Angaben	:	
Farben	: a) Silber b) Messing c) Grünspan	a) Messing b) Eisen c) Kupfer
Kennung	: Nr. 5	E-29
Marktwert	: a) 2,- DM b) 5,- DM c) 3,- DM	a) 10,- DM b) 10,- DM c) 10,- DM

Musketier (Frankreich 1618 - 1700)

Angaben	: mit Mantel und Kappe	siehe links
Farben	: a) Silber b) Messing c) Grünspan	a) Messing b) Eisen c) Kupfer
Kennung	: Nr. 6	E-30
Marktwert	: a) 2,- DM b) 5,- DM c) 3,- DM	a) 10,- DM b) 10,- DM c) 10,- DM

Serie 24
Preußen
6 Figuren (40 mm)

Serie 25
Preußen
6 Figuren (35 mm)

Hornist (um 1814)

Angaben	: Gardejäger-Bataillon	siehe links
Farben	: Messing	Messing
Kennung	: oval.Fußbrett ohne Kennung	oval. Fußbrett ohne Kennung
Marktwert	: Liebhaberpreis 20 bis 50 DM	Liebhaberpreis 30 bis 60 DM

Artillerist (um 1814)

Angaben	: reitende Kompanie, Preußische Brigade Nr. 1	siehe links
Farben	: Messing	Messing
Kennung	: oval. Fußbrett ohne Kennung	oval. Fußbrett ohne Kennung
Marktwert	: Liebhaberpreis 20 bis 50 DM	Liebhaberpreis 30 bis 60 DM

Jäger (um 1809)

Angaben	: Gardejäger-Bataillon	siehe links
Farben	: Messing	Messing
Kennung	: oval. Fußbrett ohne Kennung	oval. Fußbrett ohne Kennung
Marktwert	: Liebhaberpreis 20 bis 50 DM	Liebhaberpreis 30 bis 60 DM

Offizier

Angaben	in Parade-uniform	siehe links
Farben	Messing	Messing
Kennung	oval. Fußbrett ohne Kennung	oval. Fußbrett ohne Kennung
Marktwert	Liebhaberpreis 20 bis 50 DM	Liebhaberpreis 30 bis 60 DM

General (um 1815)

Angaben	in Felduniform	siehe links
Farben	Messing	Messing
Kennung	oval. Fußbrett ohne Kennung	oval. Fußbrett ohne Kennung
Marktwert	Liebhaberpreis 20 bis 50 DM	Liebhaberpreis 30 bis 60 DM

Rittmeister (um 1813/14)

Angaben	Garde-Volontär-Kosaken-Eskadron, Garde-Ulanen	siehe links
Farben	Messing	Messing
Kennung	oval. Fußbrett ohne Kennung	oval. Fußbrett ohne Kennung
Marktwert	Liebhaberpreis 20 bis 50 DM	Liebhaberpreis 30 bis 60 DM

Serie 26

Soldaten 18. - 19. Jh.

6 Figuren (40 mm)

Serie 27

Soldaten 18. - 19. Jh.

6 Figuren (35 mm)

Füsilier (Preußen um 1740)

Angaben	: Infanterie-Regiment Nr. 35	siehe links
Farben	: Messing	a) Messing b) Eisen c) Kupfer
Kennung	: ohne	D-19
Marktwert	: 6,- DM	a) 10,- DM b) 10,- DM c) 10,- DM

Musketier (Spanien um 1795)

Angaben	: Schw. Regiment Schwaller	siehe links
Farben	: Messing	a) Messing b) Eisen c) Kupfer
Kennung	: ohne	D-20
Marktwert	: 6,- DM	a) 10,- DM b) 10,- DM c) 10,- DM

Offizier (Neapel um 1912)

Angaben	: 1. Grenadier-Bataillon	siehe links
Farben	: Messing	a) Messing b) Eisen c) Kupfer
Kennung	: ohne	D-21
Marktwert	: 6,- DM	a) 10,- DM b) 10,- DM c) 10,- DM

Grenadier (Italien um 1805)

Angaben	: Linien-Infanterie	siehe links
Farben	: Messing	a) Messing b) Eisen c) Kupfer
Kennung	: ohne	D-22
Marktwert	: 6,- DM	a) 10,- DM b) 10,- DM c) 10,- DM

Grenadier (Sachsen um 1810)

Angaben	: Infanterie-Regiment Rechten	siehe links
Farben	: Messing	a) Messing b) Eisen c) Kupfer
Kennung	: ohne	D-23
Marktwert	: 6,- DM	a) 10,- DM b) 10,- DM c) 10,- DM

Offizier (Sardinien um 1814)

Angaben	: Infanterie-Regiment Savoyen	siehe links
Farben	: Messing	a) Messing b) Eisen c) Kupfer
Kennung	: ohne	D-24
Marktwert	: 6,- DM	a) 10,- DM b) 10,- DM c) 10,- DM

Serie 28
Samurai 1150 - 1600
6 Figuren (40 mm)

Serie 29
Samurai 1150 - 1600
6 Figuren (35 mm)

Shogun

Angaben :	Zeremonienschwert Tachi	siehe links
Farben :	a) Eisen b) Grünspan	a)Messing b) Eisen c) Kupfer
Kennung :	ohne	G-37
Marktwert :	a) 2,- DM b) 2,- DM	a) 10,- DM b) 10,- DM c) 10,- DM

Samurai (langes u. kurzes Schwert)

Angaben :	Helm mit Gesichtsmaske	siehe links
Farben :	a) Eisen b) Grünspan	a) Messing b) Eisen c) Kupfer
Kennung :	ohne	G-38
Marktwert :	a) 2,- DM b) 2,- DM	a) 10,- DM b) 10,- DM c) 10,- DM

Samurai (Schwert seitwärts haltend)

Angaben :	Schwert, Helm und Maske	siehe links
Farben :	a) Eisen b) Grünspan	a) Messing b) Eisen c) Kupfer
Kennung :	ohne	G-39
Marktwert :	a) 2,- DM b) 2,- DM	a) 10,- DM b) 10,- DM c) 10,- DM

Samurai (Schwert vor sich haltend)

Angaben :	Schwert, Helm und Maske	siehe links
Farben :	a) Eisen b) Grünspan	a) Messing b) Eisen c) Kupfer
Kennung :	ohne	G-40
Marktwert :	a) 2,- DM b) 2,- DM	a) 10,- DM b) 10,- DM c) 10,- DM

Samurai (Schwert auf dem Rücken)

Angaben :	Schwert, Helm und Maske	siehe links
Farben :	a) Eisen b) Grünspan	a) Messing b) Eisen c) Kupfer
Kennung :	ohne	G-41
Marktwert :	a) 2,- DM b) 2,- DM	a) 10,- DM b) 10,- DM c) 10,- DM

Bogenschütze (Köcher auf Rücken)

Angaben :	mit Panzerung und Bogen	siehe links
Farben :	a) Eisen b) Grünspan	a) Messing b) Eisen c) Kupfer
Kennung :	ohne	G-42
Marktwert :	a) 2,- DM b) 2,- DM	a) 10,- DM b) 10,- DM c) 10,- DM

Serie 30
Britisch-Indien um 1900
6 Figuren (40 mm) "Überraschung"

Serie 31
Britisch-Indien um 1900
6 Figuren (35 mm)

Offizier (Großbritannien um 1894)

Angaben	: 4.Dragoner-Regiment	siehe links
Farben	: Messing	a) Messing b) Eisen c) Kupfer
Kennung	: ohne	H-43
Marktwert	: 2,- DM	a) 10,- DM b) 10,- DM c) 10,- DM

Husar (Großbritannien um 1894)

Angaben	: 3. Husaren-Regiment	siehe links
Farben	: Messing	a) Messing b) Eisen c) Kupfer
Kennung	: ohne	H-44
Marktwert	: 2,- DM	a) 10,- DM b) 10,- DM c) 10,- DM

Indischer Offizier (Br. Indien 1906)

Angaben	: 27. Leichtes-Reiter-Regim.	siehe links
Farben	: Messing	a) Messing b) Eisen c) Kupfer
Kennung	: ohne	H-45
Marktwert	: 2,- DM	a) 10,- DM b) 10,- DM c) 10,- DM

Gemeiner Soldat (Br. Indien 1906)

Angaben	: 4. Infanterie-Regiment	siehe links
Farben	: Messing	a) Messing b) Eisen c) Kupfer
Kennung	: ohne	H-46
Marktwert	: 2,- DM	a) 10,- DM b) 10,- DM c) 10,- DM

Tempelwächter (Br. Indien um 1890)

Angaben	: Hindu vom Audhstamm	siehe links
Farben	: Messing	a) Messing b) Eisen c) Kupfer
Kennung	: ohne	H-47
Marktwert	: 2,- DM	a) 10,- DM b) 10,- DM c) 10,- DM

Leibgardist (Siam um 1900)

Angaben	: Königliche Garde	siehe links
Farben	: Messing	a) Messing b) Eisen c) Kupfer
Kennung	: ohne	H-48
Marktwert	: 2,- DM	a) 10,- DM b) 10,- DM c) 10,- DM

Serie 32

Gallier

6 Figuren (40 mm)

Feldzeichenträger

Angaben : mit Feldzeichen und Schild, Gallien um 50 v. Chr.

Farben : brüniert
Kennung : flacher, rechteckiger Sockel ohne Kennung
Marktwert : Liebhaberpreis 60,- bis 100,- DM
Info :

Tribun

Angaben : mit Schild und Schwert, Gallien um 50 v. Chr.

Farben : brüniert
Kennung : flacher, rechteckiger Sockel ohne Kennung
Marktwert : Liebhaberpreis 60,- bis 100,- DM
Info :

Hornbläser

Angaben : mit Horn und Beil, Gallien um 50 v. Chr.

Farben : brüniert
Kennung : flacher, rechteckiger Sockel ohne Kennung
Marktwert : Liebhaberpreis 60,- bis 100,- DM
Info :

Krieger

Angaben : mit Schild und blankem Schwert,
Gallien um 50 v. Chr.
Farben : brüniert
Kennung : flacher, rechteckiger Sockel ohne Kennung
Marktwert : Liebhaberpreis
60,- bis 100,- DM
Info :

Krieger

Angaben : mit Schwert und Schild,
Gallien um 50 v. Chr.
Farben : brüniert
Kennung : flacher, rechteckiger Sockel ohne Kennung
Marktwert : Liebhaberpreis
60,- bis 100,- DM
Info :

Krieger

Angaben : auf Schild gestützt,
Gallien um 50 v. Chr.
Farben : brüniert
Kennung : flacher, rechteckiger Sockel ohne Kennung
Marktwert : Liebhaberpreis
60,- bis 100,- DM
Info :

Serie 33

Japaner

6 Figuren (35 mm)

Geisha

Angaben : Japanische Gesellschafterin , Japan 16. - 20. Jhd.

Farben : Messing
Kennung : ovaler Sockel ohne Kennung

Marktwert : Liebhaberpreis 90,- bis 150,- DM

Info :

Schauspieler

Angaben : Mann mit Schwert, Japan 16. - 20. Jhd.

Farben : Messing
Kennung : ovaler Sockel ohne Kennung

Marktwert : Liebhaberpreis 90,- bis 150,- DM

Info :

Fischer

Angaben : mit Fisch und Korb, Japan 16. - 20. Jhd.

Farben : Messing
Kennung : ovaler Sockel ohne Kennung

Marktwert : Liebhaberpreis 90,- bis 150,- DM

Info :

Wasserträgerin

Angaben : mit Tragholz und Krügen,
Japan 16. - 20. Jhd.

Farben : Messing
Kennung : ovaler Sockel ohne Kennung

Marktwert : Liebhaberpreis
90,- bis 150,- DM
Info :

Geisha

Angaben : mit Blumenstrauß,
Japan 16. - 20. Jhd.

Farben : Messing
Kennung : ovaler Sockel ohne Kennung

Marktwert : Liebhaberpreis
90,- bis 150,- DM
Info :

Alter Mann

Angaben : mit Fächer,
Japan 16. - 20. Jhd.

Farben : Messing
Kennung : ovaler Sockel ohne Kennung

Marktwert : Liebhaberpreis
90,- bis 150,- DM
Info :

Serie 34

Indianer-Häuptlinge

8 Figuren (40 mm)
"Surprise, Sorpresa, Overraskelse"

Erscheint im Herbst 1993 in "Überraschung" in der Ausführung Chrom

Tecumseh

Angaben : Häuptling der Shawnee-Indianer
Farben : a) Chrom
b) Eisen
Kennung : TECUMSEH
R.MADE ITALY
Marktwert : a) 6,- DM
b) 15,- DM
Info : O.Bpz. zu a) 2,- DM

Mato Tope

Angaben : die 4 Bären, 2. Kriegshäuptling der Mandan-Indianer, um 1832
Farben : a) Chrom
b) Eisen
Kennung : MATO TOPE
R.MADE ITALY
Marktwert : a) 6,- DM
b) 15,- DM

Red Cloud

Angaben : Ober- und Kriegshäuptling der Oglalla-Tenton-Sioux, 1822 - 10.12.1909
Farben : a) Chrom
b) Eisen
Kennung : RED CLOUD
R.MADE ITALY
Marktwert : a) 6,- DM
b) 15,- DM

Crazy Horse

Angaben : Kriegshäuptling der Oglalla-Sioux

Farben : a) Chrom
Kennung : b) Eisen
CRAZY HORSE
R.MADE ITALY
Marktwert : a) 6,- DM
Info : b) 15,- DM

Lone Wolf

Angaben : Häuptling der Kiowa-Cheyennes

Farben : a) Chrom
b) Kupfer
Kennung : LONE WOLF
R.MADE ITALY
Marktwert : a) 6,- DM
b) 15,- DM

Sitting Bull

Angaben : Häuptling und Medizinmann der Hunkpapa-Sioux vom Stamm der Tenton-Dakota
Farben : a) Chrom
b) Kupfer
Kennung : SITTING BULL
R.MADE ITALY
Marktwert : a) 6,- DM
b) 15,- DM

Geronimo

Angaben : Kriegshäuptling der Chiricahua-Apachen

Farben : a) Chrom
b) Kupfer
Kennung : GERONIMA
R.MADE ITALY
Marktwert : a) 6,- DM
b) 15,- DM

Original-Beipackzettel: Serie 35
a) Orig. Bpz. Chrom 660 787
2,- DM
b) Orig. Bpz. brüniert 315
5,- DM
c) Orig. Bpz. Gold 314
5,- DM

Cap Joseph

Angaben : Oberster Häuptling der Nec Perces aus Oregon

Farben : a) Chrom
Kennung : b) Kupfer
CAP JOSEPH
R.MADE ITALY
Marktwert : a) 6,- DM
Info : b) 15,- DM

Serie 35

Berühmte Indianer-Häuptlinge

8 Figuren (40 mm)

a) Herbst 1992 "Überraschung" b) nicht bekannt
c) Herbst 1993 "So,Su,Ov"

Pontiac

Angaben : Häuptling der Ottawa-Indianer
Farben : a) Chrom
b) brüniert
c) Gold (k94 n.111/3.)
Kennung : PONTIAC SCAME
Marktwert : a) 4,- DM
b) 15,- DM
c) 15,- DM
Info : Orig. Beipackzettel:siehe links

Tahrohon

Angaben : Häuptling und Medizinmann der Schwarzfuß-Indianer
Farben : a) Chrom
b) brüniert
c) Gold (k94 n.111/1.)
Kennung : TAHROHON SCAME
Marktwert : a) 4,- DM
b) 15,- DM
c) 15,- DM

Cut Nose

Angaben : Häuptling der Indianerpolizei "Hund-Krieger" der Chvennes
Farben : a) Chrom
b) brüniert
c) brüniert (k94 n.112/6.)
Kennung : CUT NOSE SCAME
Marktwert : a) 4,- DM
b) 15,- DM
c) 15,- DM

Cap Jack

Angaben : Häuptling der Modoc-Indianer

Farben : a) Chrom
b) brüniert
c) brüniert (k94 n.112/7.)
Kennung : CAP JACK SCAME
Marktwert : a) 4,- DM
b) 15,- DM
c) 15,- DM

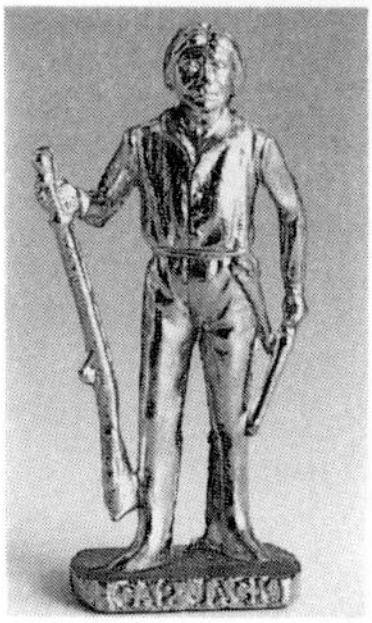

Chato

Angaben : Häuptling der Chiricahua-Apachen
Farben : a) Chrom
b) Kupfer
c) brüniert (k94 n.112/8.)
Kennung : CHATO SCAME
Marktwert : a) 4,- DM
b) 15,- DM
c) 15,- DM

Cochise (Cheis)

Angaben : Oberster Häuptling der Chiricahua-Apachen
Farben : a) Chrom
b) Kupfer
c) Gold (k94 n.111/4.)
Kennung : COCHISE SCAME
Marktwert : a) 4,- DM
b) 15,- DM
c) 15,- DM

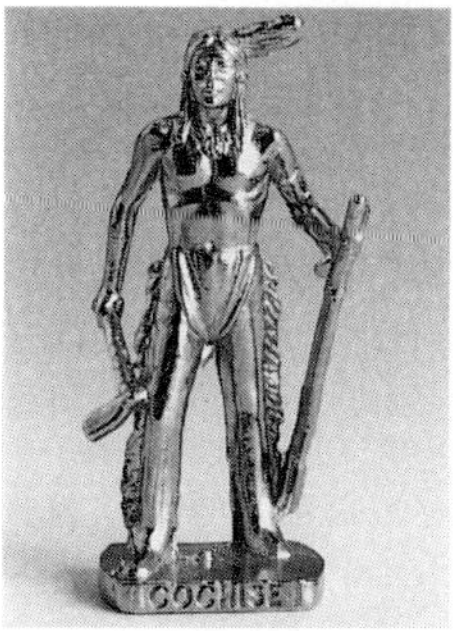

Little Crow

Angaben : Häuptling der Sioux

Farben : a) Chrom
b) Kupfer
c) Gold (k94 n.111/2.)

Kennung : LITTLE CROW SCAME

Marktwert : a) 4,- DM
b) 15,- DM
c) 15,- DM

Victorio

Angaben : Häuptling der Mescalero-Apachen

Farben : a) Chrom
b) Kupfer
c) brüniert (k94 n.112/5.)

Kennung : VICTORIO SCAME

Marktwert : a) 4,- DM
b) 15,- DM
c) 15,- DM

Serie 36

Westmänner

8 Figuren (40 mm)
"Surprise, Sorpresa, Overraskelse"

Erscheint im Herbst 1993 in "Überraschung" in der Ausführung Chrom

Bill Tilghman

Angaben : Marshal, Sheriff

Farben : a) Chrom
b) Messing

Kennung : B. TILGHMAN
R.MADE ITALY

Marktwert : a) 6,- DM
b)15,- DM

Info : O.Bpz. zu a) 2,- DM

Bad Masterson

Angaben : Sheriff, Marshal

Farben : a) Chrom
b) Messing

Kennung : B. MASTERSON
R.MADE ITALY

Marktwert : a) 6,- DM
b) 15,- DM

Info :

Bob Dalton

Angaben : Deputy-Marshal, Überfälle m. der Dalton-Bande; 5.10.1892 in Coffey erschossen

Farben : a) Chrom

Kennung : b) Messing
BOB DALTON
R.MADE ITALY

Marktwert : a) 6,- DM
b) 15,- DM

David Crockett

Angaben : Scout und Waldläufer; am 6.3.1836 in Alamo gefallen

Farben : a) Chrom
b) Messing

Kennung : D. CROCKET
R.MADE ITALY

Marktwert : a) 6,- DM
b) 15,- DM

Wild Bill

Angaben : James Butler Hickok - "Prince of Pistoleers"; Büffeljäger, Scout, Marshal, Sheriff

Farben : a) Chrom
b) brüniert

Kennung : WILD BILL
R.MADE ITALY

Marktwert : a) 6,- DM
b) 15,- DM

Original-Beipackzettel: Serie 37

a) Orig. Bpz. Chrom 660 760
   2,- DM

b) Orig. Bpz. brüniert 317
   5,- DM

c) Orig. Bpz. Gold 316
   5,- DM

Samuel Bass

Angaben : Hilfssheriff; Überfälle mit einer Bande, am 21.7.1876 gestorben

Farben : a) Chrom
b) brüniert

Kennung : SAM BASS
R.MADE ITALY

Marktwert : a) 6,- DM
b) 15,- DM

Wyatt Earp

Angaben : Polizist, Deputy-Marshal, Gastwirt, City-Marshal, OK-Korral

Farben : a) Chrom
b) brüniert

Kennung : WYATT EARP
R.MADE ITALY

Marktwert : a) 6,- DM
b) 15,- DM

Jesse James

Angaben : Anführer der James-Younger-Bande, am 3.4.1882 in St. Joseph erschossen

Farben : a) Chrom
b) brüniert

Kennung : JESSE JAMES
R.MADE ITALY

Marktwert : a) 6,- DM
b) 15,- DM

Serie 37

Berühmte Westmänner

(Herbst 1992)

8 Figuren (40 mm) "Überraschung"

a) Herbst 1992 "Überraschung" b) nicht bekannt
c) Herbst 1993 "So,Su,Ov"

Jim Bridger

Angaben : Trapper, Pelzhändler, Scout
Farben : a) Chrom
b) Messing
c) Gold (k94n.113/3.)
Kennung : JIM BRIDGER SCAME
Marktwert : a) 4,- DM
b) 15,- DM
c) 15,- DM

Butch Cassidy

Angaben : geb.1867 als Georg L. Parker, 1907 Freitod in San Vincente
Farben : a) Chrom
b) Messing
c) Gold (k94n.113/4.)
Kennung : B CASSIDY SCAME
Marktwert : a) 4,- DM
b) 15,- DM
c) 15,- DM

Doc Holliday

Angaben : John Henry (Doc) Holliday, Spieler, Revolvermann, Arzt
Farben : a) Chrom
b) Messing
c) brüniert (k94 n.114/8.)
Kennung : DOC HOLLIDAY SCAME
Marktwert : a) 4,- DM
b) 15,- DM
c) 15,- DM

Buffalo Bill

Angaben : William Frederick Cody, Büffeljäger, Scout
Farben : a) Chrom
b) Messing
c) Gold (k94 n.113/1.)
Kennung : BUFFALO BILL SCAME
Marktwert : a) 4,- DM
b) 15,- DM
c) 15,- DM

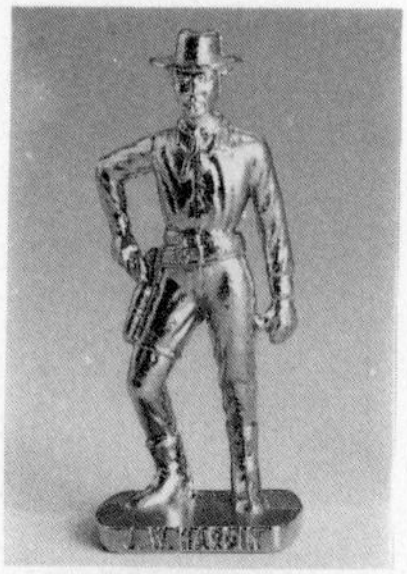

John Wesley Hardin

Angaben : Trailboss, Texas-Desperado, 1895 in El Paso erschossen
Farben : a) Chrom
b) Eisen
c) brüniert (k94 n.114/7.)
Kennung : J.W.HARDIN SCAME
Marktwert : a) 4,- DM
b) 15,- DM
c) 15,- DM

Pat Garrett

Angaben : Sheriff
Farben : a) Chrom
b) Eisen
c) brüniert (k94 n.114/6.)
Kennung : PAT GARRET SCAME
Marktwert : a) 4,- DM
b) 15,- DM
c) 15,- DM

Kid Carson

Angaben : Christopher Kid Carson, Scout, Colonel
Farben : a) Chrom
b) Eisen
c) brüniert (k94 n.114/5.)
Kennung : KID CARSON SCAME
Marktwert : a) 4,- DM
b) 15,- DM
c) 15,- DM

Billy The Kid

Angaben : Henry MacCarthy, Revolvermann, 1881 erschossen
Farben : a) Chrom
b) Eisen
c) Gold (k94 n.113/2.)
Kennung : BILLY THE KID SCAME
Marktwert : a) 4,- DM
b) 15,- DM
c) 15,- DM

Serie 38

Französische Musketiere um 1670

4 Figuren

Serie 39

Französische Musketiere um 1670

4 Figuren "So, Su, Ov"

Moschettiere 1 / Musketeer 1

Angaben	: mit Umhang	siehe links
Farben	: Kupfer	a) Gold b) Kupfer
Kennung	: RP-1482 Patent	SCAME (k93n.135)
Marktwert	: 30,- DM	a) 15,- DM b) 25,- DM
Info	:	O.Bpz.Nr.267 10,-DM

Moschettiere 2 / Musketeer 2

Angaben	: mit blankem Schwert	siehe links
Farben	: Kupfer	a) Gold b) Kupfer
Kennung	: RP 1482 Patent	SCAME (k93n.136)
Marktwert	: 30,- DM	a) 15,- DM b) 25,- DM
Info	:	

Moschettiere 3 / Musketeer 3

Angaben	: Schwert und hohe Stiefel	siehe links
Farben	: Kupfer	a) Gold b) Kupfer
Kennung	: RP 1482 Patent	SCAME (k93n.137)
Marktwert	: 30,- DM	a) 15,- DM b) 25,- DM
Info	:	

Moschettiere 4 / Musketeer 4

Angaben	: Umhang und hohe Stiefel	siehe links
Farben	: Kupfer	a) Gold b) Kupfer
Kennung	: RP 1482 Patent	SCAME (k93n.138)
Marktwert	: 30,- DM	a) 15,- DM b) 25,- DM
Info	:	

Serie 40

Römer um 100 - 300 n. Chr.

4 Figuren

Serie 41

Römer um 100 - 300 n. Chr.

(1992)

4 Figuren "So, Su, Ov"

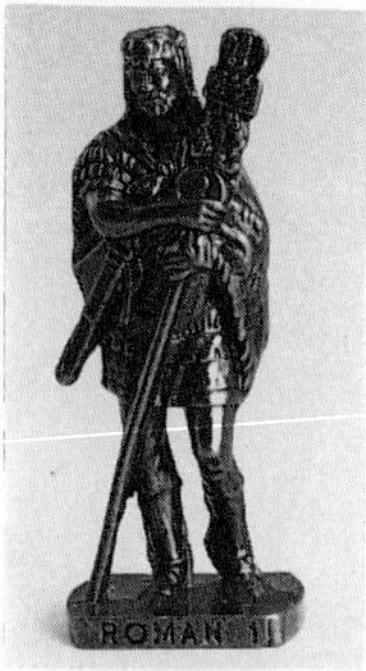

Aquiliferi - Romano 1 / Roman 1

Angaben	: Adlerträger m. Legionsadler	siehe links
Farben	: Eisen	brüniert
Kennung	: RP 1482 Patent	SCAME (k93.n123)
Marktwert	: 30,- DM	15,- DM
Info	:	O.Bpz.Nr.268 10,-DM

Retiarius - Romano 2 / Roman 2

Angaben	: Netzfechter, Gladiator m. Netz, Dreizack	siehe links
Farben	: Eisen	brüniert
Kennung	: RP 1482 Patent	SCAME (k93n.124)
Marktwert	: 30,- DM	15,- DM
Info	:	

Legat - Romano 3 / Roman 3

Angaben	: Röm. Befehlshaber einer Legion	siehe links
Farben	: Eisen	brüniert
Kennung	: RP 1482 Patent	SCAME (k93n.125)
Marktwert	: 30,- DM	15,- DM
Info	:	

Legionär - Romano 4 / Roman 4

Angaben	: mit Schild und Schwert	siehe links
Farben	: Eisen	brüniert
Kennung	: RP 1482 Patent	SCAME (k93n.126)
Marktwert	: 30,- DM	15,- DM
Info	:	

Serie 42

Japanische Samurai um 1600

4 Figuren

Serie 43

Japanische Samurai um 1600

(1992)
4 Figuren "So, Su, Ov"

Samurai - Samurai 1 / Samurai 1

Angaben	: ohne Helm mit Schwert	siehe links
Farben	: Messing	brüniert
Kennung	: RP 1482 Patent	SCAME (k93n.139)
Marktwert	: 30,- DM	15,- DM
Info	:	O.Bpz.Nr.269 10,-DM

Samurai - Samurai 2 / Samurai 2

Angaben	: mit Schwert	siehe links
Farben	: Messing	brüniert
Kennung	: RP 1482 Patent	SCAME (k93n.140)
Marktwert	: 30,- DM	15,- DM
Info	:	

Samurai - Samurai 3 / Samurai 3

Angaben	: mit blankem Schwert	siehe links
Farben	: Messing	brüniert
Kennung	: RP 1482 Patent	SCAME (k93n.141)
Marktwert	: 30,- DM	15,- DM
Info	:	

Samurai - Samurai 4 / Samurai 4

Angaben	: mit Schwert schlagend	siehe links
Farben	: Messing	brüniert
Kennung	: RP 1482 Patent	SCAME (k93n.142)
Marktwert	: 30,- DM	15,- DM
Info	:	

Serie 44

Schotten um 1743

4 Figuren

Serie 45

Schotten um 1743

(1992)

4 Figuren "So, Su, Ov"

Korporal - Scozzese 1 / Scot 1

Angaben	: 43. Regiment "BlackWatch"	siehe links
Farben	: brüniert	a) Gold b) brüniert
Kennung	: RP 1482 Patent	SCAME (k93n.131)
Marktwert	: 30,- DM	a) 15,- DM b) 25,- DM
Info	:	O.Bpz.:10,-

Infanterist - Scozzese 2 / Scot 2

Angaben	: 43. Regiment "BlackWatch"	siehe links
Farben	: brüniert	a) Gold b) brüniert
Kennung	: RP 1482 Patent	SCAME (k93n.132)
Marktwert	: 30,- DM	a) 15,- DM b) 25,- DM
Info	:	

Dudelsackpfeifer-Scozzese 3 / Scot 3

Angaben	: 42. Regiment "Highlander"	siehe links
Farben	: brüniert	a) Gold b) brüniert
Kennung	: RP 1482 Patent	SCAME (k93n.133)
Marktwert	: 30,- DM	a) 15,- DM b) 25,- DM
Info	:	

Tambourmajor-Scozzese 4 / Scot 4

Angaben	: "The Gordon Highlanders"	siehe links
Farben	: brüniert	a) Gold b) brüniert
Kennung	: RP 1482 Patent	SCAME (k93n.134)
Marktwert	: 30,- DM	a) 15,- DM b) 25,- DM
Info	:	

Serie 46

Mongolen um 1600

(1980)
4 Figuren

Serie 47

Mongolen um 1600

(1980)
4 Figuren "So, Su, Ov"

Mongole - Mongolo 1 / Mongolist 1

Angaben	:	Bogen und Standarte	siehe links
Farben	:	a) Kupfer b) Silber	Kupfer
Kennung	:	RP 1482 Patent	SCAME
Marktwert	:	a) 20,- DM b) 30,- DM	20,- DM
Info	:		

Mongole - Mongolo 2 / Mongolist 2

Angaben	:	Krieger gepan zert, m. Schild und Speer	siehe links
Farben	:	a) Kupfer b) Silber	Kupfer
Kennung	:	RP 1482 Patent	SCAME
Marktwert	:	a) 20,- DM b) 30,- DM	20,- DM

Mongole - Mongolo 3 / Mongolist 3

Angaben	:	Krieger gepan zert mit Beil und Schwert	siehe links
Farben	:	a) Kupfer b) Silber	Kupfer
Kennung	:	RP 1482 Patent	SCAME
Marktwert	:	a) 20,- DM b) 30,- DM	20,- DM

Mongole - Mongolo 4 / Mongolist 4

Angaben	: Krieger gepanzert mit Beil und Schwert	siehe links
Farben	: a) Kupfer b) Silber	Kupfer
Kennung	: RP 1482 Patent	SCAME
Marktwert	: a) 20,- DM b) 30,- DM	20,- DM

Serie 48

Incas (100 - 1500 n. Chr.)

4 Figuren

Serie 49

Incas (100 - 1500 n. Chr.)

4 Figuren "So, Su, Ov"

Inka - Incas 1 / Incas No. 1

Angaben	: Anführer mit Lanze, Keule; Südamerika	siehe links
Farben	: a) Kupfer b) Messing	Messing
Kennung	: RP 1482 Patent	SCAME
Marktwert	: a) 25,- DM b) 25,- DM	25,- DM

Inka - Incas 2 / Incas No. 2

Angaben	: Krieger mit Keule, Schild; Südamerika	siehe links
Farben	: a) Kupfer b) Messing	Messing
Kennung	: RP 1482 Patent	SCAME
Marktwert	: a) 25,- DM b) 25,- DM	25,- DM

Inka - Incas 3 / Incas No. 3

Angaben	: Anführer mit Keule,Schwert Südamerika	siehe links
Farben	: a) Kupfer b) Messing	Messing
Kennung	: RP 1482 Patent	SCAME
Marktwert	: a) 25,- DM b) 25,- DM	25,- DM

Inka - Incas 4 / Incas No. 4

Angaben	: Krieger mit Schild und Schwert	siehe links
Farben	: a) Kupfer b) Messing	Messing
Kennung	: RP 1482 Patent	SCAME
Marktwert	: a) 25,- DM b) 25,- DM	25,- DM

Serie 50

Frankreich um 1780

4 Figuren (40 mm)

Füsilier

Angaben	: 39. Infanterieregiment
Farben	: a) Eisen b) Messing
Kennung	: F 1780-1 SCAME
Marktwert	: a) 20,- DM b) 20,- DM
Info	:

Husarenoffizier

Angaben : Legion "Lauzun"

Farben : a) Eisen
b) Messing
Kennung : F 1780-2 SCAME
Marktwert : a) 20,- DM
b) 20,- DM
Info :

Grenadier

Angaben : Infanterieregiment "Touraine"

Farben : a) Eisen
b) Messing
Kennung : F 1780-3 SCAME
Marktwert : a) 20,- DM
b) 20,- DM
Info :

Grenadier

Angaben : Infanterieregiment "de Câtanais"

Farben : a) Eisen
b) Messing
Kennung : F 1780-4 SCAME
Marktwert : a) 20,- DM
b) 20,- DM
Info :

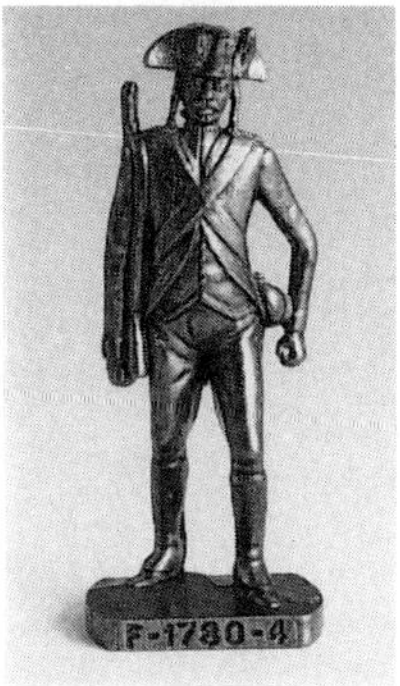

Serie 51

Großbritannien um 1770

4 Figuren

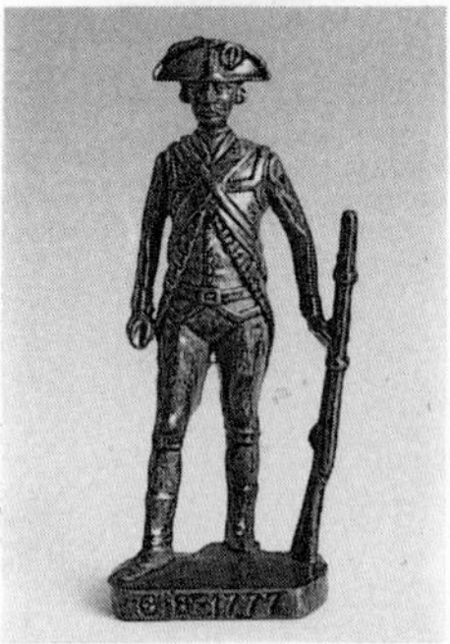

Sergeantmajor

Angaben : keine

Farben : a) Eisen
b) Kupfer

Kennung : G•B-1776 SCAME

Marktwert : a) 20,- DM
b) 20,- DM

Info :

Second Lieutenant

Angaben : keine

Farben : a) Eisen
b) Kupfer

Kennung : G•B-1778 SCAME

Marktwert : a) 20,- DM
b) 20,- DM

Info :

Musketeer

Angaben : 64. Regiment zu Fuß "The Prince of Wales", The North Staffordshire Regiment

Farben : a) Eisen
b) Kupfer

Kennung : G•B-1777 SCAME

Marktwert : a) 20,- DM
b) 20,- DM

Info :

Commissioned Officer

Angaben : keine

Farben : a) Eisen
b) Kupfer
Kennung : G•B-1783 SCAME
Marktwert : a) 20,- DM
b) 20,- DM
Info :

Serie 52

USA

4 Figuren

Korporal

Angaben : Leichte Kompanie des 2.Kanadischen Regiments

Farben : a) Messing
b) Kupfer
Kennung : USA 1778-1 SCAME
Marktwert : a) 20,- DM
b) 20,- DM
Info :

Offizier

Angaben : 3. Kontinentales Artillerie-Regiment

Farben : a) Messing
b) Kupfer
Kennung : USA 1778-2 SCAME
Marktwert : a) 20,- DM
b) 20,- DM
Info :

Musketier

Angaben : 1. Georgia Regiment

Farben : a) Messing
b) Kupfer
Kennung : USA 1777 SCAME
Marktwert : a) 20,- DM
b) 20,- DM
Info :

Soldat

Angaben : Leichte Kompanie des 4. Massachusetts Regiments

Farben : a) Messing
b) Kupfer
Kennung : USA 1781 SCAME
Marktwert : a) 20,- DM
b) 20,- DM
Info :

Serie 53

USA 1780

4 Figuren

Trommler

Angaben : Dragoner der leichten Infanterie

Farben : a) Messing
b) Kupfer
Kennung : USA 1780-1 SCAME
Marktwert : a) 20,- DM
b) 20,- DM
Info :

Soldat

Angaben : Marinecorps des Deleware Bataillon

Farben : a) Messing
b) Kupfer
Kennung : USA 1780-2 SCAME
Marktwert : a) 20,- DM
b) 20,- DM
Info :

Soldat

Angaben : New Jersey Infanterie

Farben : a) Messing
b) Kupfer
Kennung : USA 1780-3 SCAME
Marktwert : a) 20,- DM
b) 20,- DM
Info :

Offizier

Angaben : keine

Farben : a) Messing
b) Kupfer
Kennung : USA 1776 SCAME
Marktwert : a) 20,- DM
b) 20,- DM
Info :

Figur lag bei Redaktionsschluß noch nicht vor

Serie 54

USA Nordstaaten um 1861

4 Figuren

Serie 55

USA Nordstaaten um 1861

4 Figuren

Hauptmann-Nordista 1 / Unionist 1

Angaben :	Nordstaaten Feldartillerie	siehe links
Farben :	a) Silber b) brüniert	Kupfer
Kennung :	NORDISTA-1 RP 1482 PATENT	UNIONIST-1 SCAME
Marktwert :	a) 20,- DM b) 20,- DM	30,- DM

Sergeant-Nordista 2 / Unionist 2

Angaben :	7. Kavallerie Regiment	siehe links
Farben :	a) Silber b) brüniert	Kupfer
Kennung :	NORDISTA-2 RP 1482 PATENT	UNIONIST-2 SCAME
Marktwert :	a) 20,- DM b) 20,- DM	30,- DM

Infanterist-Nordista 3 / Unionist 3

Angaben :	20. Maine Regiment	siehe links
Farben :	a) Silber b) brüniert	Kupfer
Kennung :	NORDISTA-3 RP 1482 PATENT	UNIONIST-3 SCAME
Marktwert :	a) 20,- DM b) 20,- DM	30,- DM

Infanterist-Nordista 4 / Unionist 4

Angaben	: 11. Indiana Regiment	siehe links
Farben	: a) Silber b) brüniert	Kupfer
Kennung	: NORDISTA-4 RP 1482 PATENT	UNIONIST-4 SCAME
Marktwert	: a) 20,- DM b) 20,- DM	30,- DM

Serie 56

USA Südstaaten um 1862

4 Figuren

Serie 57

USA Südstaaten um 1862

4 Figuren

Reiter-Sudista 1 / Confederate 1

Angaben	: Carolina Hampton's Legion	siehe links
Farben	: a) Silber b) Eisen	Kupfer
Kennung	: SUDISTA-1 RP 1482 PATENT	CONFEDERATE-1 SCAME
Marktwert	: a) 20,- DM b) 20,- DM	30,- DM

Leutnant-Sudista 2 / Confederate 2

Angaben	: Reitende Artillerie	siehe links
Farben	: a) Silber b) Eisen	Kupfer
Kennung	: SUDISTA-2 RP 1482 PATENT	CONFEDERATE-2 SCAME
Marktwert	: a) 20,- DM b) 20,- DM	30,- DM

Soldat-Sudista 3 / Confederate 3

Angaben	: Louisiana Bataillon	siehe links
Farben	: a) Silber b) Eisen	Kupfer
Kennung	: SUDISTA-3 RP 1482 PATENT	CONFEDE- RATE-3 SCAME
Marktwert	: a) 20,- DM b) 20,- DM	30,- DM

Soldat-Sudista 4 / Confederate 4

Angaben	: 5. Georgia Regiment	siehe links
Farben	: a) Silber b) Eisen	Kupfer
Kennung	: SUDISTA-4 RP 1482 PATENT	CONFEDE- RATE-4 SCAME
Marktwert	: a) 20,- DM b) 20,- DM	30,- DM

Serie 58

Indianer

4 Figuren

Indianer

Angaben : laufend, mit Tomahawk

Farben : brüniert
Kennung : längliches Fußbrett ohne Kennung

Marktwert : 25,- DM
Info :

Indianer

Angaben : stehend, mit Tomahawk

Farben : brüniert
Kennung : längliches Fußbrett ohne Kennung

Marktwert : 25,- DM
Info :

Indianer

Angaben : kniend, mit Gewehr im Anschlag

Farben : brüniert
Kennung : längliches Fußbrett ohne Kennung

Marktwert : 25,- DM
Info :

Indianer

Angaben : stehend, mit Gewehr im Anschlag

Farben : brüniert
Kennung : längliches Fußbrett ohne Kennung

Marktwert : 25,- DM
Info :

Serie 59

Cowboys

4 Figuren

Cowboy

Angaben : in Duellierstellung

Farben : brüniert
Kennung : längliches Fußbrett ohne Kennung

Marktwert : 25,- DM
Info :

Cowboy

Angaben : kniend, mit Revolver und Gewehr

Farben : brüniert
Kennung : längliches Fußbrett ohne Kennung

Marktwert : 25,- DM
Info :

Cowboy

Angaben : stehend, mit Revolver

Farben : brüniert
Kennung : längliches Fußbrett ohne Kennung

Marktwert : 25,- DM
Info :

Cowboy

Angaben : laufend, mit Revolver

Farben : brüniert
Kennung : längliches Fußbrett ohne Kennung

Marktwert : 25,- DM
Info :

Serie 60

Ballettänzerinnen

4 Figuren

Ballettänzerin

Angaben : mit Petticoat

Farben : a) brüniert
b) Kupfer
Kennung : ovales Fußbrett ohne Kennung
Marktwert : Liebhaberpreise
a) 70,- bis 100,- DM
b) 70,- bis 100,- DM
Info :

Balletteuse

Angaben : kokett

Farben : a) brüniert
b) Kupfer
Kennung : ovales Fußbrett ohne Kennung
Marktwert : Liebhaberpreise
a) 70,- bis 100,- DM
b) 70,- bis 100,- DM
Info :

Ballerina

Angaben : sich verneigend

Farben : a) brüniert
b) Kupfer
Kennung : ovales Fußbrett ohne Kennung
Marktwert : Liebhaberpreise
a) 70,- bis 100,- DM
b) 70,- bis 100,- DM
Info :

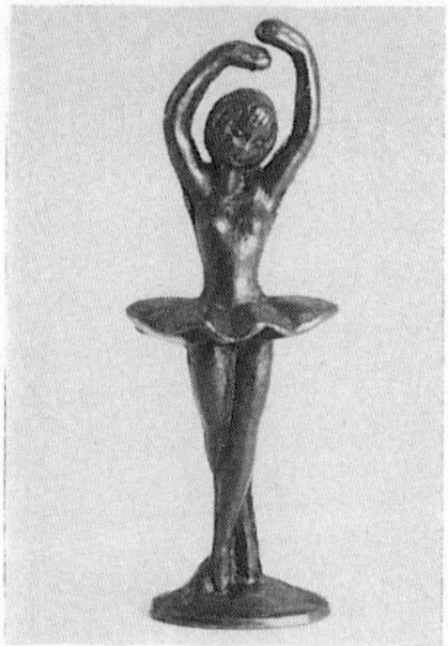

Ballettsolistin

Angaben : bei einer Pirouette

Farben : a) brüniert
b) Kupfer
Kennung : ovales Fußbrett ohne Kennung
Marktwert : Liebhaberpreise
a) 70,- bis 100,- DM
b) 70,- bis 100,- DM
Info :

Serie 61

Clowns

6 Figuren
a) "Überraschung" b) -

Clown Rudolfo

Angaben : mit Stock und Zylinder

Farben : a) Messing
b) Eisen
Kennung : ohne
Marktwert : a) 15,- DM
b) 25,- DM
Info : a)Orig. Beipackzettel:10,- DM

Clown Otto

Angaben : sich verneigend, mit den Jackenzipfeln in den Händen

Farben : a) Messing
b) Eisen
Kennung : ohne
Marktwert : a) 15,- DM
b) 25,- DM
Info :

Clown Tino

Angaben : mit Regenschirm

Farben : a) Messing
b) Eisen
Kennung : ohne
Marktwert : a) 15,- DM
b) 25,- DM
Info :

Clown Pippo

Angaben : Bauch hervorgestreckt

Farben : a) Messing
b) Eisen
Kennung : ohne
Marktwert : a) 15,- DM
b) 25,- DM
Info :

Clown Willy

Angaben : Hände auf den Knien

Farben : a) Messing
b) Eisen
Kennung : ohne
Marktwert : a) 15,- DM
b) 25,- DM
Info :

Clown Max

Angaben : Hände an den Ohren

Farben : a) Messing
b) Eisen
Kennung : ohne
Marktwert : a) 15,- DM
b) 25,- DM
Info :

Serie 62
Zwerge
6 Figuren

Zwerg

Angaben :

Farben : Silber
Kennung : ohne

Marktwert : 20,- DM
Info :

Zwerg

Angaben :

Farben : Silber
Kennung : ohne

Marktwert : 20,- DM
Info :

Zwerg

Angaben :

Farben : Silber
Kennung : ohne

Marktwert : 20,- DM
Info :

Figur lag bei Redaktionsschluß noch nicht vor

Zwerg

Angaben :

Farben : Silber
Kennung : ohne

Marktwert : 20,- DM
Info :

Figur lag bei Redaktionsschluß noch nicht vor

Zwerg

Angaben :

Farben : Silber
Kennung : ohne

Marktwert : 20,- DM
Info :

Figur lag bei Redaktionsschluß noch nicht vor

Zwerg

Angaben :

Farben : Silber
Kennung : ohne

Marktwert : 20,- DM
Info :

Figur lag bei Redaktionsschluß noch nicht vor

Serie 63

Groteske Figuren

8 Figuren "Surprise"

Pirat

Angaben : mit Schwert und Muskete

Farben : Eisen
Kennung : SCAME 1/8

Marktwert : Liebhaberpreis ca. 50,- DM
Info :

Pirat

Angaben : mit Krücke und Dolch

Farben : Eisen
Kennung : SCAME 2/8

Marktwert : Liebhaberpreis ca. 50,- DM
Info :

Pirat

Angaben : mit Gewehr und Muskete

Farben : Messing
Kennung : SCAME 3/8

Marktwert : Liebhaberpreis ca. 50,- DM
Info :

Pirat

Angaben : mit Sägezahnschwert

Farben : Messing
Kennung : SCAME 4/8

Marktwert : Liebhaberpreis ca. 50,- DM
Info :

Pirat

Angaben : mit Säbel und Dolch

Farben : Kupfer
Kennung : SCAME 5/8

Marktwert : Liebhaberpreis ca. 50,- DM
Info :

Pirat

Angaben : mit gebogenem Degen

Farben : Kupfer
Kennung : SCAME 6/8

Marktwert : Liebhaberpreis ca. 50,- DM
Info :

Pirat

Angaben : mit Perücke und Federhut

Farben : brüniert
Kennung : SCAME 7/8

Marktwert : Liebhaberpreis ca. 50,- DM
Info :

Pirat

Angaben : mit Säbel und Hakenhand

Farben : brüniert
Kennung : SCAME 8/8

Marktwert : Liebhaberpreis ca. 50,- DM
Info :

Serie 64

Fingerhut-Miniaturen Berufe

6 Figuren (40 mm) "Überraschung"

Automechaniker

Angaben : mit Werkzeug und Reserverad

Farben : Eisen
Kennung : spiegelverkehrte 1 im Kegel

Marktwert : 5,- DM
Info :

Eisenbahner

Angaben : mit Eisenbahnerkelle und Pfeife

Farben : Eisen
Kennung : spiegelverkehrte 2 im Kegel

Marktwert : 5,- DM
Info :

Kaminfeger

Angaben : mit Werkzeug

Farben : Eisen
Kennung : spiegelverkehrte 3 im Kegel

Marktwert : 5,- DM
Info :

Polizist

Angaben : in Motorraduniform

Farben : Eisen
Kennung : spiegelverkehrte 4 im Kegel

Marktwert : 5,- DM
Info :

Bauarbeiter

Angaben : mit Preßlufthammer

Farben : Eisen
Kennung : spiegelverkehrte 5 im Kegel

Marktwert : 5,- DM
Info :

Feuerwehrmann

Angaben : mit Feuerwehrspritze und Werkzeug

Farben : Eisen
Kennung : spiegelverkehrte 6 im Kegel

Marktwert : 5,- DM
Info :

Serie 65

Fingerhut-Miniaturen Soldaten

... Figuren (40 mm)

Hauptmann

Angaben : Rußland

Farben : Messing
Kennung : ohne

Marktwert : 20,- DM
Info :

Weitere Figuren sind bisher nicht bekannt, aber es wird angenommen, daß auch diese Serie aus sechs Fingerhut-Miniaturen besteht.

Platz für eigene Eintragungen:

Serie 66

Transportmittel

2 Miniaturen

Schubkarre

Angaben : 4-teilig, steckbar

Farben : Messing
Kennung : ohne
Marktwert : 10,- DM

Info : Rad und 2 Griffe aus braunem Plastik

Mistkarre

Angaben : 4-teilig, steckbar

Farben : Messing
Kennung : ohne
Marktwert : 10,- DM

Info : Rad und 2 Griffe aus braunem Plastik

Serie 67

Kanonen

2 Miniaturen

Kanone

Angaben : Lafette, Geschützrohr, 2 Räder, 2 Gummi- oder Metallringe
Farben : Lafette brüniert
Geschützrohr Messing
Räder Eisen
Kennung : ohne
Marktwert : 15,- DM
Info :

Kanone

Angaben : Lafette, Geschützrohr, 2 Räder, 2 Gummi- oder Metallringe
Farben : Lafette Messing
Geschützrohr brüniert
Räder Eisen
Kennung : ohne
Marktwert : 15,- DM
Info :

Serie 68

Haustiere

4 Figuren
a) "Überraschung" b) - c) -

Ziege

Angaben :
Farben : a) Chrom
b) Kupfer
c) Messing
Kennung : GIODI
Marktwert : a) 5,- DM
b) 15,- DM
c) 15,- DM
Info :

Ente

Angaben :
Farben : a) Chrom
b) Kupfer
c) Messing
Kennung : GIODI
Marktwert : a) 5,- DM
b) 15,- DM
c) 15,- DM
Info :

Kuh

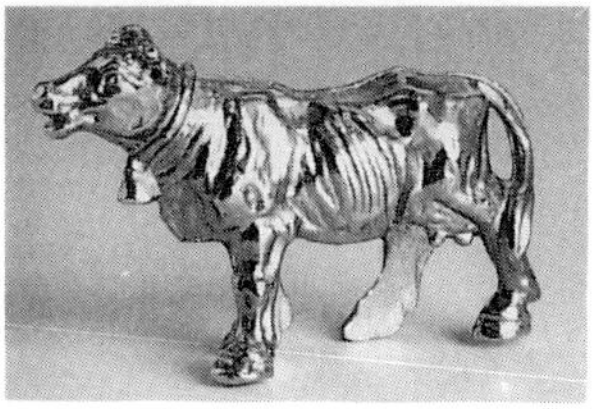

Angaben :
Farben : a) Chrom
b) Kupfer
c) Messing
Kennung : GIODI
Marktwert : a) 5,- DM
b) 15,- DM
c) 15,- DM
Info :

Pferd

Angaben :
Farben : a) Chrom
b) Kupfer
c) Messing
Kennung : GIODI
Marktwert : a) 5,- DM
b) 15,- DM
c) 15,- DM
Info :

Serie 69

Wildtiere

4 Figuren
a) "Überraschung" b) - c) -

Elefant

Angaben :
Farben : a) Chrom
b) Kupfer
c) Messing
Kennung : GIODI
Marktwert : a) 5,- DM
b) 15,- DM
c) 15,- DM
Info :

Zebra

Angaben :
Farben : a) Chrom
b) Kupfer
c) Messing
Kennung : GIODI
Marktwert : a) 5,- DM
b) 15,- DM
c) 15,- DM
Info :

Tiger

Angaben :
Farben : a) Chrom
b) Kupfer
c) Messing
Kennung : GIODI
Marktwert : a) 5,- DM
b) 15,- DM
c) 15,- DM
Info :

Nashorn

Angaben :
Farben : a) Chrom
b) Kupfer
c) Messing
Kennung : GIODI
Marktwert : a) 5,- DM
b) 15,- DM
c) 15,- DM
Info :

Serie 70

Tiere

4 Figuren "Überraschung"

Strauß

Angaben :

Farben : brüniert
Kennung : ohne

Marktwert : Liebhaberpreis
50,- bis 60,- DM
Info :

Schildkröte

Angaben :

Farben : brüniert
Kennung : ohne

Marktwert : Liebhaberpreis
50,- bis 60,- DM
Info :

Hund

Angaben :

Farben : brüniert
Kennung : ohne

Marktwert : Liebhaberpreis
50,- bis 60,- DM

Info :

Löwe

Angaben :

Farben : brüniert
Kennung : ohne

Marktwert : Liebhaberpreis
50,- bis 60,- DM

Info :

Serie 71

Oldtimer

4 Miniaturen "Überraschung"

Mercedes 1928

Angaben : offener Zweisitzer mit 4 schwarzen Plastikrädern und 2 Plastikschutzblechen
Farben : a) Chrom
b) brüniert
Kennung : MERCEDES 1928
Marktwert : a) 15,- DM
b) 20,- DM
Info :

Alfetta 1930

Angaben : offener Zweisitzer mit 4 schwarzen Plastikrädern und 2 Plastikschutzblechen
Farben : a) Chrom
b) brüniert
Kennung : ALFETTA 1930
Marktwert : a) 15,- DM
b) 20,- DM
Info :

Ford T. 1911

Angaben : offener Viersitzer mit 4 schwarzen Plastikrädern und 2 Plastikschutzblechen
Farben : a) Chrom
b) brüniert
Kennung : FORD T. 1911
Marktwert : a) 15,- DM
b) 20,- DM
Info :

Opel Coupé 1909

Angaben : offener Zweisitzer mit 4 schwarzen Plastikrädern und 2 Plastikschutzblechen
Farben : a) Chrom
b) brüniert
Kennung : OPEL COUPE 1909
Marktwert : a) 15,- DM
b) 20,- DM
Info :

Serie 72

Heiße Mini-Dragster (1991)

4 Miniaturen "Überraschung"

Käfertaxi

Angaben : keine

Farben :
Kennung :

Marktwert : 7,- DM
Info : 8-teilig, steckbar

Speedy

Angaben : keine

Farben :
Kennung : 612 669 (auf Beipackzettel)

Marktwert : 7,- DM
Info : 7-teilig, steckbar

Western Willy

Angaben : keine

Farben :
Kennung : 612 642 (auf Beipackzettel)

Marktwert : 7,- DM
Info : 8-teilig, steckbar

Rambo

Angaben : keine

Farben :
Kennung :

Marktwert : 7,- DM
Info : 7-teilig, steckbar

Serie 73

Heiße Mini-Dragster (1992)

4 Miniaturen "Überraschung"

Turbo-Teufel

Angaben : keine

Varianten : große oder kleine Augenaufkleber
Kennung : 661 066 (auf Beipackzettel)

Marktwert : 5,- DM
Info : 8-teilig, steckbar

Western-Willi

Angaben : keine

Farben :
Kennung : 661 104 (auf Beipackzettel)

Marktwert : 5,- DM
Info : 9-teilig, steckbar

Objekt lag bei Redaktionsschluß noch nicht vor

Power-Käfer

Angaben : keine

Farben :
Kennung : 661 120 (auf Beipackzettel)

Marktwert : 5,- DM
Info : 11-teilig, steckbar

Feuerstuhl

Angaben : keine

Varianten : Sitzbank, Polster und Karosserie in pink oder violett
Kennung : 661 082 (auf Beipackzettel)

Marktwert : 5,- DM
Info : 10-teilig, steckbar

Serie 74

Rennwagen

4 Miniaturen "Überraschung"

Ferrari 312 T

Angaben : Rennwagen mit 4 schwarzen Plastikrädern und Plastikspoiler
Farben : Eisen
Kennung : FERRARI 312 T

Marktwert : 10,- DM
Info :

Surtess TS 19

Angaben : Rennwagen mit 4 schwarzen Plastikrädern und Plastikspoiler
Farben : Eisen
Kennung : SURTESS TS 19

Marktwert : 10,- DM
Info :

Objekt lag bei Redaktionsschluß noch nicht vor

Lotus PS 11

Angaben : Rennwagen mit 4 schwarzen Plastikrädern und Plastikspoiler
Farben : Eisen
Kennung : LOTUS PS 11

Marktwert : 10,- DM
Info :

Objekt lag bei Redaktionsschluß noch nicht vor

Mc Laren 25 B

Angaben : Rennwagen mit 4 schwarzen Plastikrädern und Plastikspoiler
Farben : Eisen
Kennung : MC LAREN 25 B

Marktwert : 10,- DM
Info :

Objekt lag bei Redaktionsschluß noch nicht vor

Serie 75

Miniatur-Metallrahmen

(1988)

4 Miniaturen "Überraschung"

Ovaler Rahmen

Angaben : Metallrahmen mit Scherenschnitteinlage und Rückwand mit Aufsteller
Farben : Silber; Rückwand Plastik
Kennung : © FERRERO 88

Marktwert : 5,- DM
Info : Motiv: Flötenspieler

Herz Rahmen

Angaben : Metallrahmen mit Scherenschnitteinlage und Rückwand mit Aufsteller
Farben : Silber; Rückwand Plastik
Kennung : © FERRERO 88

Marktwert : 5,- DM
Info : Motiv: Tanzpaar

Runder Rahmen

Angaben : Metallrahmen mit Scherenschnitteinlage und Rückwand mit Aufsteller
Farben : Silber; Rückwand Plastik
Kennung : © FERRERO 88

Marktwert : 5,- DM
Info : Motiv: Tänzerin

Eckiger Rahmen

Angaben : Metallrahmen mit Scherenschnitteinlage und Rückwand mit Aufsteller
Farben : Silber; Rückwand Plastik
Kennung : © FERRERO 88

Marktwert : 5,- DM
Info : Motiv: Geigenspieler

1993 erscheint in Deutschland "Überraschung"
a) Herz Rahmen; Motiv: Max und Moritz
b) Runder Rahmen; Motiv: Kinderpaar

Serie 76
Trinkgefäße

Diese Serie besteht aus 7 Objekten:
1. Karaffe
2. Kelch
3. Glas
4. Römer
5. Glas II
6. Krug
7. Kanne

Die Marktwerte dieser Objekte liegen jeweils bei 5,- DM. Alle Gefäße sind brüniert, außer der Kelch, er ist in Messing. Die Miniaturen haben keine Kennung.

Serie 77 / 78
Tafel- und Küchengeschirr

Das Tafelgeschirr besteht aus 5 Objekten:
1. Servierplatte, brüniert (10,- DM)
2. Teller, brüniert (5,- DM)
3. Tablett, silber (10,- DM)
4. Leuchter, silber (15,- DM)
5. Besteck, silber (10,- DM)

Die Objekte haben keine Kennung.

Das Küchengeschirr besteht aus 6 Objekten:
1. Frankfurter Kranz Form
2. Gugelhupf Form
3. Topf mit Deckel
4. Tiegel
5. Tiegel mit Deckel
6. Sandkuchenform

Die Marktwerte dieser Objekte liegen jeweils bei 5,- DM.
Sie haben keine Kennung.
Die Gefäße sind innen aus Eisen und außen brüniert.

Kapitel - 7 -

Steckfiguren

01 Ritter
02 Indianer
03 Western
04 Science Fiction Figuren
05 Astronauten
06 Felix
07 Disney Charakterfiguren
08 Elliot das Schmunzelmonster
09 Asterix
10 Pique WM-Maskottchen
11 Micky und seine Freunde
12 Olympia Goofy
13 Donald und seine Freunde
14 Donald und seine Freunde auf Safari
15 Pink Panther
16 Schlümpfe
17 Micky & Company
18 Asterix (1990)
19 Im Wikinger-Lager
20 Bugs Bunny, Sylvester and Friends
21 Die Indianer vom Schlangenfluß
22 Popeye und seine Freunde
23 Tom & Jerry
24 Peanuts

Serie 01

Ritter

4 Figuren

Ritter mit Schild und Keule

Varianten : nicht bekannt

Zubehör : Keule aus Weichplastik

Kennung : ohne
Marktwert : 50,- DM
Info : 2-teilig, steckbar

Ritter mit Schild und Axt

Varianten : nicht bekannt

Zubehör : Beil aus Weichplastik

Kennung : ohne
Marktwert : 50,- DM
Info : 2-teilig, steckbar

Ritter mit Schild und Schwert

Varianten : nicht bekannt

Zubehör : Schwert aus Weichplastik

Kennung : ohne
Marktwert : 50,- DM
Info : 2-teilig, steckbar

Ritter mit Schwert

Varianten : nicht bekannt

Zubehör : Schwert aus Weichplastik

Kennung : ohne
Marktwert : 50,- DM
Info : 2-teilig, steckbar

Serie 02

Indianer

4 Figuren

Indianer mit Schild und Tomahawk

Varianten : nicht bekannt

Zubehör : Tomahawk

Kennung : ohne
Marktwert : 250,- DM
Info : 2-teilig, steckbar

Indianer m. Pfeil u. Bogen, stehend

Varianten : nicht bekannt

Zubehör : Pfeil und Bogen

Kennung : ohne
Marktwert : 250,- DM
Info : 2-teilig, steckbar

Indianer m. Pfeil u. Bogen, kniend

Varianten : nicht bekannt

Zubehör : Pfeil und Bogen

Kennung : ohne
Marktwert : 250,- DM
Info : 2-teilig, steckbar

Indianer mit Speer und Gewehr

Varianten : nicht bekannt

Zubehör : Speer und Gewehr

Kennung : ohne
Marktwert : 250,- DM
Info : 2-teilig, steckbar

Serie 03

Western

8 Figuren

Indlaner mit Gewehr

Varianten : nicht bekannt

Zubehör : Gewehr

Kennung : ohne
Marktwert : 120,- DM
Info : 2-teilig, steckbar

Indianer mit Schild und Beil

Varianten : nicht bekannt

Zubehör : Beil

Kennung : ohne
Marktwert : 120,- DM
Info : 2-teilig, steckbar

Indianer mit Gewehr im Anschlag

Varianten : nicht bekannt

Zubehör : Gewehr

Kennung : ohne
Marktwert : 100,- DM
Info : 2-teilig, steckbar

Indianer mit Trommel

Varianten : nicht bekannt

Zubehör :

Kennung : ohne
Marktwert : 80,- DM
Info : 2-teilig, steckbar

Cowboy mit Lasso

Varianten : nicht bekannt

Zubehör : Lasso

Kennung : ohne
Marktwert : 100,- DM
Info :

Cowboy mit zwei Revolvern

Varianten : nicht bekannt

Zubehör :

Kennung : ohne
Marktwert : 80,- DM
Info : 2-teilig, steckbar

Sheriff

Varianten : nicht bekannt

Zubehör :

Kennung : ohne
Marktwert : 80,- DM
Info : 2-teilig, steckbar

Cowboy mit Revolver

Varianten : nicht bekannt

Zubehör :

Kennung : ohne
Marktwert : 80,- DM
Info : 2-teilig, steckbar

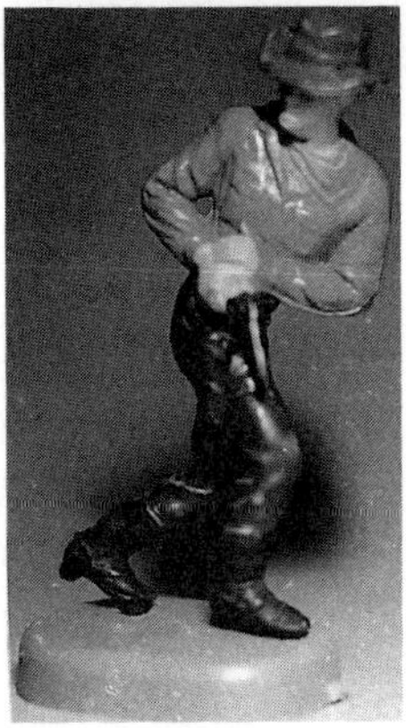

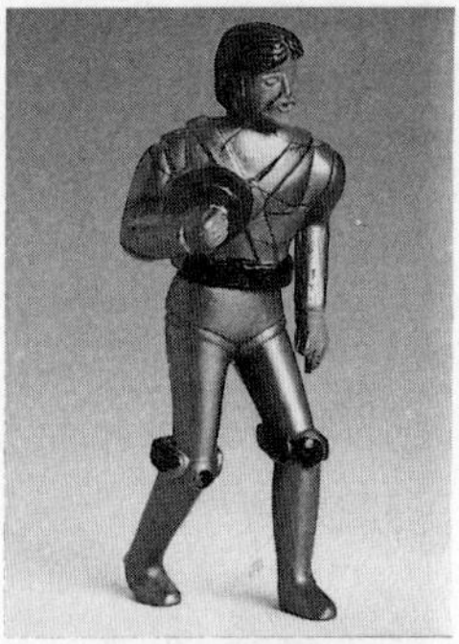

Serie 04

Science Fiction Figuren

3 Figuren

Weltraummann

Varianten : nicht bekannt

Zubehör :

Kennung : ohne
Marktwert : 50,- DM
Info : 2-teilig, steckbar

Weltraumfrau

Varianten : nicht bekannt

Zubehör :

Kennung : ohne
Marktwert : 50,- DM
Info : 2-teilig, steckbar

Weltraumkämpfer

Varianten : nicht bekannt

Zubehör : Waffe

Kennung : ohne
Marktwert : 150,- DM
Info : 2-teilig, steckbar

Serie 05

Astronauten

2 Figuren

Astronaut mit Metallsuchgerät

Varianten : nicht bekannt

Zubehör : Metallsuchgerät

Kennung : ohne
Marktwert : 50,- DM
Info : 2-teilig, steckbar

Astronaut mit Rucksack

Varianten : nicht bekannt

Zubehör : Rucksack

Kennung : ohne
Marktwert : 50,- DM
Info : 2-teilig, steckbar

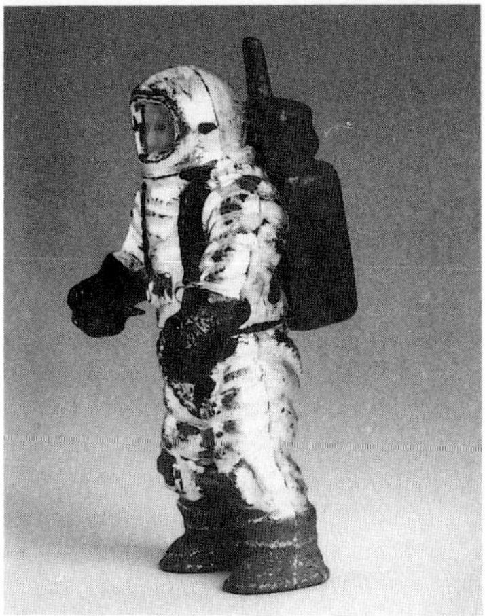

Serie 06

Felix (1974)

1 Figur

Felix

Varianten : keine
Zubehör : 10-teilig, steckbar
Kennung : ohne
Marktwert : 400,- DM
Info : Repliken dieser Figur wurden 1992 vom früheren italienisch. Hersteller nachgefertigt. Sie sind glänzender und die weißen Ansteckteile ungenauer gearbeitet.

Serie 07

Disney Charakterfiguren

(1975)

5 Figuren "Überraschung"

Goofy

Varianten :
Zubehör :
Kennung : ohne
Marktwert : 50,- DM

Info : Hut und Hose blau; Pullover rot; Weste, Kopf, Augen und Nase schwarz; Gesicht, Hände und Schuhe orange

Micky

Varianten :
Zubehör :
Kennung : ohne
Marktwert : 60,- DM

Info : Pullover blau; Hose rot; Kopf, Augen, Nase und Schwanz schwarz; Gesicht, Hände und Schuhe orange

Donald

Varianten :
Zubehör :
Kennung : ohne
Marktwert : 50,- DM

Info : Hut, Augen und Jacke blau; Schnabel, Fliege und Füße orange; Kopf, Hände und Rumpf weiß

Daisy

Varianten :
Zubehör :
Kennung : ohne
Marktwert : 50,- DM

Info : Bluse und Schuhe blau; Schleife, Schnabel und Beine orange; Gesicht, Hände und Rumpf weiß

Pluto

Varianten :
Zubehör :
Kennung : ohne
Marktwert : 120,- DM

Info : Halsband, Nase, Ohren und Schwanz schwarz; Kopf, Rumpf und Beine gelb

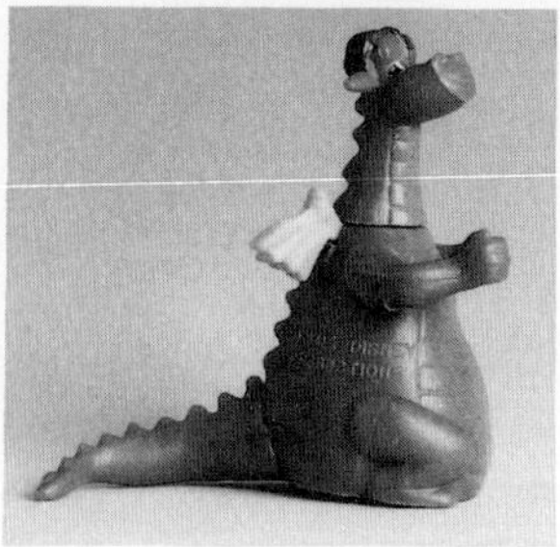

Serie 08

Elliot das Schmunzelmonster (1976)

2 Figuren "Überraschung"

Elliot mit Gitarre

Varianten :

Zubehör :
Kennung : © WALT DISNEY PRODUCTIONS
Marktwert : Liebhaberpreis 60,- bis 80,- DM
Info : 2-teilig, steckbar
Beipackzettel nicht bekannt

Elliot mit Flügeln

Varianten :

Zubehör :
Kennung : © WALT DISNEY PRODUCTIONS
Marktwert : Liebhaberpreis 100,- bis 140,- DM
Info : 7-teilig, steckbar

Serie 09

Asterix (1981)

4 Figuren "Überraschung"

Miraculix

Varianten : keine

Zubehör :

Kennung : ohne
Marktwert : 50,- DM
Info : 15-teilig, steckbar

Obelix

Varianten : keine

Zubehör :

Kennung : ohne
Marktwert : 50,- DM
Info : 13-teilig, steckbar

Majestix

Varianten : keine

Zubehör : Schild

Kennung : ohne
Marktwert : 120,- DM
Info : 17-teilig, steckbar

Asterix

Varianten : keine

Zubehör :

Kennung : ohne
Marktwert : 60,- DM
Info : 15-teilig, steckbar

Serie 10

Pique WM-Maskottchen

(1986)

1 Figur "Überraschung" (nur Österreich)

Pique mit Fußball

Varianten : keine

Zubehör : 6 Aufkleber für Fußball

Kennung : © SPORT BILLY PROD. R
Marktwert : 200,- DM (mit Beipackzettel)
Info : 11-teilig, steckbar

Serie 11

Micky und seine Freunde

(1987)

8 Figuren "Surprise"

Micky mit Kappe und Spazierstock

Varianten : Jacke und Schuhe in rot oder gelb; Kappe und Hose in blau oder rot
Zubehör : Spazierstock

Kennung : © Disney
Marktwert : 50,- DM
Info : Orig. Beipackzettel: 40,- DM Stock blau

Minnie mit Hut und Regenschirm

Varianten : Kleid in rot oder gelb; Hut, Schirm und Schuhe in gelb oder rot
Zubehör : Schirm, Augenaufkleber, Aufkleber für Blume (Hut) u. Knopf (Kleid)
Kennung : © Disney
Marktwert : 40,- DM
Info : 9-teilig, steckbar

Micky mit Hut und Regenschirm

Varianten : Schuhe und Hemd in rot oder gelb; Hut und Hose in rot oder blau
Zubehör : Regenschirm, Aufkleber für Augen und Jackenknopf
Kennung : © Disney
Marktwert : 30,- DM
Info : 10-teilig, steckbar
Schirm rot

Minnie mit Schleife und Handtasche

Varianten : Schleife, Tasche und Schuhe in rot oder blau; Kleid in blau oder rot
Zubehör : Handtasche, Aufkleber für Augen u. Blume auf Tasche u. Knopf auf Kleid
Kennung : © Disney
Marktwert : 30,- DM
Info : 9-teilig, steckbar

Horatius Pferd

Varianten : Hut und Hemd in orange oder grün; Hose in blau oder gelb

Zubehör : Aufkleber f. Augen und Fliege auf Halfter, 2 x Hosenknöpfe
Kennung : © Disney
Marktwert : 30,- DM
Info : 10-teilig, steckbar

Figur lag bei Redaktionsschluß noch nicht vor

Klarabella Kuh

Varianten : Halsband und Rock in grün oder orange; Bluse und Schuhe in blau oder gelb
Zubehör : Aufkleber für Augen und 3 x Blumen für Rock
Kennung : © Disney
Marktwert : 30,- DM
Info : 9-teilig, steckbar

Kater Karlo, Maul geschlossen

Varianten : Hut und Hemd in rot oder grün
Zubehör : Aufkleber für Augen und Hemd
Kennung : © Disney
Marktwert : 30,- DM
Info : 10-teilig, steckbar
Hose gelb; **auch mit geöffnetem Maul bekannt**

Kommissar Hunter, Mund geschlossen

Varianten : Anzug in hell- oder dkl.-blau
Zubehör : Aufkleber für Hemd mit Krawatte; Augen; 3 x Knöpfe; Dienstabzeichen für Mütze und Uniform
Kennung : © Disney
Marktwert : 30,- DM
Info : 10-teilig, steckbar; **auch mit geöffnetem Mund bekannt**

Serie 12

Olympia Goofy (1988)

6 Figuren "Surprise"

Goofy mit Hantel

Varianten : keine
Zubehör : Hantel; Aufkleber f. Leibchen und Augen
Kennung : © Disney
Marktwert : 40,- DM
Info : 11-teilig, steckbar
Orig. Beipackzettel: 15,- DM
Orig. Aufkleber: 10,- DM
(zu jeder Figur)

Goofy mit Fußball

Varianten : keine

Zubehör : Aufkleber für Leibchen und Augen
Kennung : © Disney
Marktwert : 40,- DM
Info : 11-teilig, steckbar

Goofy mit Tennisschläger

Varianten : keine

Zubehör : Tennisschläger; Aufkleber für Leibchen und Augen
Kennung : © Disney
Marktwert : 40,- DM
Info : 11-teilig, steckbar

Goofy mit Rollschuhen

Varianten : keine

Zubehör : Aufkleber für Leibchen und Augen
Kennung : © Disney
Marktwert : 40,- DM
Info : 11-teilig, steckbar

Goofy mit Boxhandschuhen

Varianten : keine

Zubehör : Aufkleber für Leibchen und Augen
Kennung : © Disney
Marktwert : 40,- DM
Info : 11-teilig, steckbar

Goofy mit Degen

Varianten : keine

Zubehör : Aufkleber für Leibchen und Augen
Kennung : © Disney
Marktwert : 40,- DM
Info : 11-teilig, steckbar

Serie 13

Donald und seine Freunde

(1988)

12 Figuren "Surprise"

Oma Duck mit Schirm

Varianten : Schuhe u. Schirm schwarz u. blau; Bluse in schwarz u. rot
Zubehör : Schirm; Aufkleber für Augen und 2 Knöpfe
Kennung : © Disney
Marktwert : 40,- DM
Info : 9-teilig, steckbar
Orig. Beipackzettel: 25,- DM
Orig. Aufkleber: 25,- DM

Donald Duck

Varianten : Hemd und Mütze in blau und schwarz
Zubehör : Aufkleber für Augen, Fliege und 2 Knöpfe
Kennung : © Disney
Marktwert : 30,- DM
Info : 8-teilig, steckbar

Gustav Gans

Varianten : keine
Zubehör : Aufkleber für Augen, Fliege und Knopf
Kennung : © Disney
Marktwert : 30,- DM
Info : 9-teilig, steckbar

Neffe mit Skateboard

Varianten : keine
Zubehör : Skateboard; Augenaufkleber
Kennung : © Disney
Marktwert : 80,- DM
Info : 8-teilig, steckbar

Neffe mit Schlitten

Varianten : keine

Zubehör : Schlitten, Augenaufkleber

Kennung : © Disney
Marktwert : 80,- DM
Info : 8-teilig, steckbar

Neffe mit Skiern

Varianten : keine

Zubehör : Ski; Skistöcke; Augenaufkleber
Kennung : © Disney
Marktwert : 80,- DM
Info : 8-teilig, steckbar

Panzerknacker m. Schraubendreher

Varianten : keine

Zubehör : Schraubendreher; Aufkleber für Augen und Häftlingsnummer
Kennung : © Disney
Marktwert : Liebhaberpreis 120,- bis 180,- DM
Info : 8-teilig, steckbar

Panzerknacker mit Feile

Varianten : keine

Zubehör : Feile; Aufkleber für Augen und Häftlingsnummer
Kennung : © Disney
Marktwert : Liebhaberpreis 120,- bis 180,- DM
Info : 8-teilig, steckbar

Panzerknacker, Schraubenschlüssel

Varianten : keine

Zubehör : Schraubenschlüssel; Aufkleber für Augen und Häftlingsnummer

Kennung : © Disney
Marktwert : Liebhaberpreis 120,- bis 180,- DM
Info : 8-teilig, steckbar

Neffe mit Boot

Varianten : keine

Zubehör : Boot, Ruder; Augenaufkleber

Kennung : © Disney
Marktwert : 80,- DM
Info : 8-teilig, steckbar

Figur lag bei Redaktionsschluß noch nicht vor

Daisy Duck mit Tasche

Varianten : Bluse und Schleife in hellblau und rosa

Zubehör : Augenaufkleber

Kennung : © Disney
Marktwert : 35,- DM
Info : 9-teilig, steckbar

Onkel Dagobert mit Stock

Varianten : Rock und Zylinder in blau und rot

Zubehör : Stock; Augenaufkleber

Kennung : © Disney
Marktwert : 40,- DM
Info : 9-teilig, steckbar

Serie 14

Donald und seine Freunde auf Safari (1989)

15 Figuren "Surprise"
bestehend aus 3 Unterserien

Donald

Zubehör : Fotoapparat; Aufkleber für Augen
Kennung : © Disney
Marktwert : 30,- DM
Info : 8-teilig, steckbar
Orig. Beipackzettel: 15,-DM
Orig. Aufkleber: 15,- DM
Tropenhelm in khaki; Jacke in hellgrün

Daisy

Varianten :
Zubehör : Trinkflasche; Aufkleber für Augen
Kennung : © Disney
Marktwert : 30,- DM
Info : 9-teilig, steckbar
Tropenhut, Schuhe und Trinkflasche in helltürkis; Jacke in dunkeltürkis

Gustav Gans

Varianten : Tropenhelm, Fernglas und Gamaschen in gelb oder grün; Jacke in grün oder gelb
Zubehör : Fernglas; Aufkleber für Augen
Kennung : © Disney
Marktwert : 30,- DM
Info : 9-teilig, steckbar

Oma Duck

Varianten : Jacke in gelb oder blau
Zubehör : Rot-Kreuz-Tasche; Aufkleber für Augen
Kennung : © Disney
Marktwert : 30,- DM
Info : 9-teilig, steckbar
Tropenhut, Schuhe und Rot-Kreuz-Tasche in dunkelgrün

Dagobert

Varianten : Tropenhut und Jacke in dunkelblau oder dunkelgrün

Zubehör : Krückstock; Aufkleber für Augen
Kennung : © Disney
Marktwert : 30,- DM
Info : 9-teilig, steckbar

Neffe mit Lagerfeuer

Zubehör : Lagerfeuer, 6-teilig; Aufkleber für Augen
Kennung : © Disney
Marktwert : 35,- DM
Info : 8-teilig, steckbar
Orig. Beipackzettel: 15,- DM
Orig. Aufkleber: 15,- DM
Tropenhelm und Lagerfeuer in dunkelgrün

Neffe mit Palme

Varianten :

Zubehör : Palme, 6-teilig; Aufkleber für Augen
Kennung : © Disney
Marktwert : 35,- DM
Info : 8-teilig, steckbar
Palme und Tropenhelm in hellgrün

Neffe mit Boot

Varianten :

Zubehör : Boot mit Ruder, 4-teilig; Aufkleber für Augen
Kennung : © Disney
Marktwert : 30,- DM
Info : 8-teilig, steckbar
Boot und Tropenhelm in hellgrün

Neffe mit Kamera

Varianten :

Zubehör : Filmkamera, 2-teilig; Aufkleber für Augen
Kennung : © Disney
Marktwert : 30,- DM
Info : 8-teilig, steckbar
Kamera und Tropenhelm in dunkelgrün

D. Düsentrieb mit Wassergleiter

Varianten : keine

Zubehör : Wassergleiter, 3-teilig; Aufkleber für Augen
Kennung : © Disney
Marktwert : 35,- DM
Info : 9-teilig, steckbar
Orig. Beipackzettel: 15,- DM
Orig. Aufkleber: 15,- DM

Düsentrieb/Rucksackhubschrauber

Varianten : keine

Zubehör : Rucksackrotor; Aufkleber für Augen
Kennung : © Disney
Marktwert : 35,- DM
Info : 9-teilig, steckbar

D.Düsentrieb mit Rucksackpropeller

Varianten : keine

Zubehör : Propeller; Aufkleber für Augen
Kennung : © Disney
Marktwert : 35,- DM
Info : 9-teilig, steckbar

Daniel Düsentrieb mit Segelflieger

Varianten : keine

Zubehör : Segelflieger; Aufkleber für Augen
Kennung : © Disney
Marktwert : 35,- DM
Info : 9-teilig, steckbar

D. Düsentrieb mit Gehmaschine

Varianten : keine

Zubehör : Gehmaschine; Aufkleber für Augen
Kennung : © Disney
Marktwert : 35,- DM
Info : 9-teilig, steckbar

Düsentrieb mit Luftpropellerboot

Varianten : keine

Zubehör : Boot, 5-teilig; Aufkleber für Augen
Kennung : © Disney
Marktwert : 35,- DM
Info : 9-teilig, steckbar

Serie 15

Pink Panther

(1989)

12 Figuren "Surprise"

Pink Panther als Sheriff

Varianten : keine

Zubehör : Revolver; Aufkleber für Augen
Kennung : © U. A. INC.
Marktwert : 15,- DM
Info : Orig. Beipackzettel: 10,- DM
Orig. Aufkleber: 10,- DM

Pink Panther als Indianer

Varianten : keine

Zubehör : Bogen; Aufkleber für Augen und Hemd
Kennung : © U.A. INC.
Marktwert : 15,- DM
Info : 12-teilig, steckbar

Pink Panther als Boxer

Varianten : keine

Zubehör : Aufkleber für Augen

Kennung : © U.A. INC.
Marktwert : 15,- DM
Info : 14-teilig, steckbar

Pink Panther als Sherlock Holmes

Varianten : keine

Zubehör : Lupe; Aufkleber für Lupe und Augen
Kennung : © U.A. INC.
Marktwert : 15,- DM
Info : 11-teilig, steckbar

Pink Panther mit Regenschirm

Varianten : keine

Zubehör : Schirm; Aufkleber für Augen

Kennung : © U.A. INC.
Marktwert : 15,- DM
Info : 11-teilig, steckbar

Pink Panther mit Radio

Varianten : keine

Zubehör : Radio; Aufkleber für Augen und Radio
Kennung : © U.A. INC.
Marktwert : 15,- DM
Info : 11-teilig, steckbar

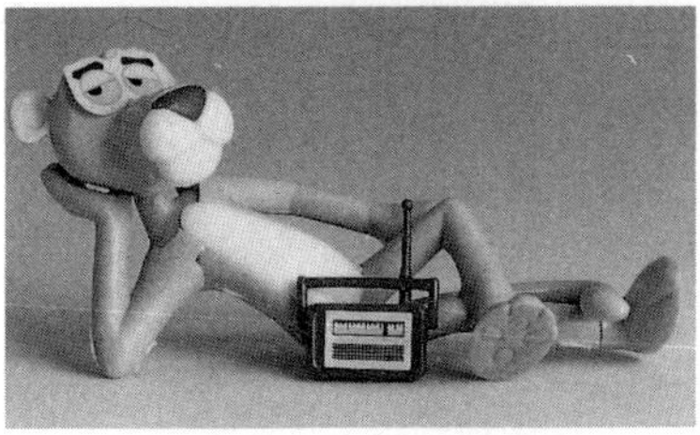

Pink Panther als Koch

Varianten : keine

Zubehör : Pfanne; Aufkleber für Augen und Pfanne
Kennung : © U.A. INC.
Marktwert : 15,- DM
Info : 10-teilig, steckbar

Pink Panther als Schlafmütze

Varianten : keine

Zubehör : Kerze, 2-teilig; Aufkleber für Augen und 2 x Knöpfe
Kennung : © U.A. INC.
Marktwert : 15,- DM
Info : 11-teilig, steckbar

P. Panther als britischer Grenadier

Varianten : keine

Zubehör : Gewehr; Aufkleber für Augen

Kennung : © U.A. INC.
Marktwert : 15,- DM
Info : 11-teilig, steckbar

Pink Panther als Bobby

Varianten : keine

Zubehör : Kelle; Aufkleber für Augen, Kelle, Mütze und 2 x Knöpfe
Kennung : © U.A. INC.
Marktwert : 15,- DM
Info : 11-teilig, steckbar

Pink Panther als Anstreicher

Varianten : keine

Zubehör : Pinsel; Aufkleber für Augen und 2 x Knöpfe
Kennung : © U.A. INC.
Marktwert : 15,- DM
Info : 11-teilig, steckbar

Pink Panther als Degenfechter

Varianten : keine

Zubehör : Degen; Maske; Aufkleber für Augen
Kennung : © U.A. INC.
Marktwert : 15,- DM
Info : 14-teilig, steckbar

Serie 16

Schlümpfe

(1990)

12 Figuren "Surprise"
bestehend aus 2 Unterserien

Papa Schlumpf

Varianten : keine

Zubehör : Augenaufkleber

Kennung : © PEYO 1991
Marktwert : 15,- DM
Info : 9-teilig, steckbar
Orig. Beipackzettel: 10,- DM
Orig. Aufkleber: 10,- DM

Schokoladenschlumpf

Varianten : keine

Zubehör : Schokoladentafel mit Aufkleber; Augenaufkleber
Kennung : © PEYO 1991
Marktwert : 20,- DM
Info : 8-teilig, steckbar

Schlumpfine

Varianten : keine

Zubehör : Augenaufkleber

Kennung : © PEYO 1991
Marktwert : 15,- DM
Info : 8-teilig, steckbar

Winterschlumpf

Varianten : keine

Zubehör : Augenaufkleber

Kennung : © PEYO 1991
Marktwert : 15,- DM
Info : 9-teilig, steckbar

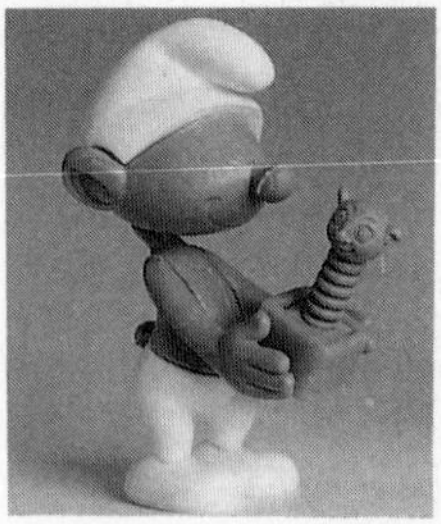

Überraschungsschlumpf

Varianten : keine

Zubehör : Springteufel, 2-teilig; Augenaufkleber
Kennung : © PEYO 1991
Marktwert : 25,- DM
Info : 8-teilig, steckbar

Eitelkeitsschlumpf

Varianten : keine

Zubehör : Spiegel mit Aufkleber; Augen- und Blumenaufkleber
Kennung : © PEYO 1991
Marktwert : 20,- DM
Info : 8-teilig, steckbar

Linienrichterschlumpf

Varianten : keine

Zubehör : Aufkleber für Augen und 2 x rote Fahne
Kennung : © PEYO 1991
Marktwert : 15,- DM
Info : 11-teilig, steckbar
Orig. Beipackzettel: 10,- DM
Orig. Aufkleber: 10,- DM

Torwartschlumpf

Varianten : keine

Zubehör : Ball; Aufkleber für Augen

Kennung : © PEYO 1991
Marktwert : 20,- DM
Info : 11-teilig, steckbar

Schiedsrichterschlumpf, Papa

Varianten : keine

Zubehör : Aufkleber für Augen, Emblem und gelbe Karte
Kennung : © PEYO 1991
Marktwert : 30,- DM
Info : 12-teilig, steckbar

Jubelschlumpf

Varianten : keine

Zubehör : Aufkleber für Augen, Emblem, Spielernummer und Ball
Kennung : © PEYO 1991
Marktwert : 20,- DM
Info : 11-teilig, steckbar

Spielerschlumpf Nr. 2

Varianten : keine

Zubehör : Aufkleber für Augen, Emblem, Spielernummer und Ball
Kennung : © PEYO 1991
Marktwert : 20,- DM
Info : 11-teilig, steckbar

Spielerschlumpf Nr. 5

Varianten : keine

Zubehör : Aufkleber für Augen, Emblem, Spielernummer und Ball
Kennung : © PEYO 1991
Marktwert : 20,- DM
Info : 11-teilig, steckbar

Serie 17

Micky & Company

(1990)

18 Figuren "Surprise"

Pluto, liegend mit Mikrophon

Varianten : keine

Zubehör : Mikrophon, 2-teilig; Augenaufkleber
Kennung : © Disney
Marktwert : 20,- DM
Info : 12-teilig, steckbar
Orig. Beipackzettel: 8,- DM
Orig. Aufkleber: 8,- DM

Pluto, sitzend mit Mikrophon

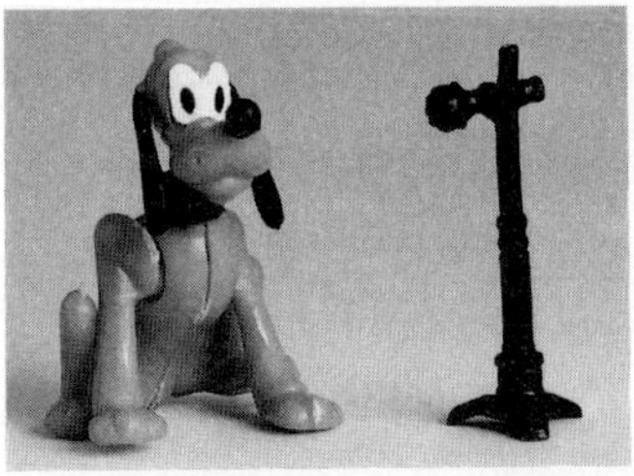

Varianten : keine

Zubehör : Mikrophon, 2-teilig; Augenaufkleber
Kennung : © Disney
Marktwert : 20,- DM
Info : 12-teilig, steckbar

Pluto, stehend mit Becken

Varianten : keine

Zubehör : Becken, 3-teilig, steckbar; Augenaufkleber
Kennung : © Disney
Marktwert : 20,- DM
Info : 12-teilig, steckbar

Kater Karlo mit Trompete

Varianten :

Zubehör : Aufkleber für Pullover; Augenaufkleber
Kennung : © Disney
Marktwert : 6,- DM
Info : 10-teilig, steckbar
Maul geschlossen

Kater Karlo mit Trompete

Varianten :

Zubehör : Aufkleber für Pullover; Augenaufkleber
Kennung : © Disney
Marktwert : 8,- DM
Info : 10-teilig, steckbar
Maul geöffnet

Goofy mit Banjo

Varianten : Hose und Pullover grün, rot oder blau

Zubehör : Banjo; hoher, 4-beiniger Hocker (rund); Augenaufkleber
Kennung : © Disney
Marktwert : 20,- DM
Info : 12-teilig, steckbar

Goofy mit Xylophon

Varianten : Hose und Pullover grün, rot oder blau

Zubehör : Xylophon; flacher, 4-beiniger Hocker (rund); Augenaufkleber
Kennung : © Disney
Marktwert : 20,- DM
Info : 12-teilig, steckbar

Goofy mit Geige

Varianten : Hose und Pullover grün, rot oder blau

Zubehör : flacher, 4-beiniger Hocker (eckig); Augenaufkleber
Kennung : © Disney
Marktwert : 20,- DM
Info : 12-teilig, steckbar

Klarabella mit Akkordeon

Varianten : Schuhe und Pullover gelb oder blau; Rock und Halskrause grün oder orange
Zubehör : 2 Aufkleber für Akkordeon; 3 Blumenaufkleber für Rock; Augenaufkleber
Kennung : © Disney
Marktwert : 8,- DM
Info : 10-teilig, steckbar

Horatius Pferd mit Saxophon

Varianten : Hut und Pullover orange oder grün; Hose blau oder gelb

Zubehör : Aufkleber für Fliege auf Halfter; Augenaufkleber
Kennung : © Disney
Marktwert : 8,- DM
Info : 10-teilig, steckbar

Kommissar Hunter mit Trommel

Varianten :

Zubehör : Trommel; Aufkleber für Augen, Mütze, Hemd und Trommel
Kennung : © Disney
Marktwert : 8,- DM
Info : 10-teilig, steckbar
Mund geschlossen

Kom. Hunter m. Trommel, lachend

Varianten :

Zubehör : Trommel; Aufkleber für Augen, Mütze, Hemd und Trommel
Kennung : © Disney
Marktwert : 10,- DM
Info : 10-teilig, steckbar
Mund lachend geöffnet

Micky mit Mikrophon

Varianten : Zylinder, Hose und Mikrophon rot oder blau

Zubehör : Mikrophon; Aufkleber für Hemd; Augenaufkleber
Kennung : © Disney
Marktwert : 20,- DM
Info : 10-teilig, steckbar

Micky m. Taktstock u. Notenständer

Varianten : Zylinder, Hose und Zubehör rot oder gelb
Zubehör : Taktstock, Notenständer, Aufkleber für Hemd; Augenaufkleber
Kennung : © Disney
Marktwert : 20,- DM
Info : 10-teilig, steckbar

Micky mit 2 Becken u. Notenständer

Varianten : Zylinder, Hose, Becken und Notenständer gelb oder blau
Zubehör : 2 Becken, Notenständer; Aufkleber für Hemd; Augenaufkleber
Kennung : © Disney
Marktwert : 20,- DM
Info : 10-teilig, steckbar

Minnie mit Gitarre

Varianten : Kleid, Gitarre und Hut gelb oder blau; Schuhe blau oder gelb
Zubehör : Gitarre; Augenaufkleber

Kennung : © Disney
Marktwert : 20,- DM
Info : 9-teilig, steckbar

Minnie mit Tambour-Major-Stab

Varianten : Kleid, Stab und Hut gelb oder rot; Schuhe rot oder gelb

Zubehör : Tambour-Major-Stab; Augenaufkleber
Kennung : © Disney
Marktwert : 20,- DM
Info : 9-teilig, steckbar

Minnie mit Castagnetten

Varianten : Kleid, Castagnetten und Schleife rot oder blau; Schuhe blau oder rot
Zubehör : Castagnetten; Augenaufkleber

Kennung : © Disney
Marktwert : 20,- DM
Info : 9-teilig, steckbar

Serie 18

Asterix (1990)

16 Figuren "Surprise, Sorpresa"

Astérix mit Wanderstab

Varianten : keine
Zubehör : Wanderstab; Aufkleber für Augen und Gürtel
Kennung : k91n.1 © UDERZO 90
Marktwert : 10,- DM
Info : 14-teilig, steckbar
Orig. Beipackzettel: 2,- DM
("Sorpresa" und "Surprise")
Orig. Aufkleber: 3,- DM

Astérix mit Schwert

Varianten : keine

Zubehör : Schwert; Aufkleber für Augen und Gürtel
Kennung : k91n.2 © UDERZO 90
Marktwert : 10,- DM
Info : 14-teilig, steckbar

Astérix mit Kelle

Varianten : keine

Zubehör : Kelle, Hocker, grüne Eihälfte; Aufkleber für Augen, Gürtel und 4 Flammen

Kennung : k91n.3 © UDERZO 90

Marktwert : 15,- DM

Info : 14-teilig, steckbar

Astérix mit Idefix

Varianten : keine

Zubehör : Hocker, Hund, Feldflasche; Aufkleber für Augen und Gürtel

Kennung : k91n.4 © UDERZO 90

Marktwert : 20,- DM

Info : 14-teilig, steckbar

Obelix mit Blumenstrauß

Varianten : keine

Zubehör : Blumenstrauß; Aufkleber für Augen, Blumen, 2 x Gürtel, 5 x Hose

Kennung : k91n.5 © UDERZO 90

Marktwert : 10,- DM

Info : 10-teilig, steckbar

Obelix mit Wildschwein

Varianten : keine

Zubehör : Wildschwein; Aufkleber für Augen, 2 x Gürtel, 5 x Hose

Kennung : k91n.6 © UDERZO 90

Marktwert : 10,- DM

Info : 10-teilig, steckbar

Obelix mit Krug

Varianten : keine

Zubehör : Krug; Aufkleber für Augen, 2 x Gürtel, 5 x Hose
Kennung : k91n.7 © UDERZO 90
Marktwert : 10,- DM
Info : 10-teilig, steckbar

Abraracoursix

Varianten : keine

Zubehör : Aufkleber für Gürtel

Kennung : k91n.8 © UDERZO 90
Marktwert : 15,- DM
Info : 15-teilig, steckbar

César

Varianten : keine

Zubehör :

Kennung : k91n.9 © UDERZO 90
Marktwert : 8,- DM
Info : 9-teilig, steckbar

Panoramix mit Flasche

Varianten : keine

Zubehör : Flasche; Aufkleber für Augen

Kennung : k91n.10 © UDERZO 90
Marktwert : 10,- DM
Info : 14-teilig, steckbar

Panoramix mit Sichel

Varianten : keine

Zubehör : Sichel; Aufkleber für Augen

Kennung : k91n.11 © UDERZO 90
Marktwert : 10,- DM
Info : 14-teilig, steckbar

Panoramix mit Stock

Varianten : keine

Zubehör : Stock; grüne Eihälfte; Aufkleber für Augen und 4 Flammen
Kennung : k91n.12 © UDERZO 90
Marktwert : 15,- DM
Info : 14-teilig, steckbar

Légionnaire

Varianten : keine

Zubehör : Speer

Kennung : k 91n.13 © UDERZO 90
Marktwert : 10,- DM
Info : 8-teilig, steckbar

Cléopatre

Varianten : keine

Zubehör : ohne

Kennung : k91n.14 © UDERZO 90
Marktwert : 6,- DM
Info : 5-teilig, steckbar

Falbala

Varianten : keine

Zubehör : Blumenkorb, 2-teilig;
Aufkleber für Blumen
Kennung : k91n.15 © UDERZO 90
Marktwert : 10,- DM
Info : 5-teilig, steckbar

Assurancetourix

Varianten : keine

Zubehör : Harfe; Aufkleber für Augen

Kennung : k91n.16 © UDERZO 90
Marktwert : 20,- DM
Info : 12-teilig, steckbar

Serie 19

Im Wikinger-Lager

(1991)

10 Figuren "Überraschung"

Wikinger-Krieger mit Schwert

Varianten : nicht bekannt

Zubehör : Schwert

Kennung : © Ferrero 1991
Marktwert : 3,- DM
Info : 16-teilig, steckbar
Orig. Beipackzettel: 1,- DM

Wikinger-Krieger m. Speer , Schild

Varianten : nicht bekannt

Zubehör : Speer und Schild mit Aufkleber
Kennung : © Ferrero 1991
Marktwert : 3,- DM
Info : 16-teilig, steckbar

Figur lag bei Redaktionsschluß noch nicht vor

Schmied

Varianten : nicht bekannt

Zubehör : Hammer und Anboß

Kennung : © Ferrero 1991
Marktwert : 3,- DM
Info : 14-teilig, steckbar

Wikinger-Junge mit Axt und Schild

Varianten : nicht bekannt

Zubehör : Axt und Schild mit Aufkleber

Kennung : © Ferrero 1991
Marktwert : 3,- DM
Info : 15-teilig, steckbar

Wikinger-Junge m. Pfeil u. Bogen

Varianten : nicht bekannt

Zubehör : Pfeil und Bogen

Kennung : © Ferrero 1991
Marktwert : 3,- DM
Info : 16-teilig, steckbar

Wikinger-Mädchen mit Speer

Varianten : nicht bekannt

Zubehör : Speer

Kennung : © Ferrero 1991
Marktwert : 3,- DM
Info : 15-teilig, steckbar

Wikinger-Mädchen m. Pfeil u. Bogen

Varianten : nicht bekannt

Zubehör : Pfeil und Bogen

Kennung : © Ferrero 1991
Marktwert : 3,- DM
Info : 13-teilig, steckbar

Wikinger-Mädchen am Lagerfeuer

Varianten : nicht bekannt

Zubehör : Löffel; 3-Bock mit Topf, 4-teilig
Kennung : © Ferrero 1991
Marktwert : 3,- DM
Info : 13-teilig, steckbar

Wikinger-Mädchen mit Pfanne

Varianten : nicht bekannt

Zubehör : Pfanne

Kennung : © Ferrero 1991
Marktwert : 3,- DM
Info : 13-teilig, steckbar

Wikinger-Mädchen m. Wassereimer

Varianten : nicht bekannt

Zubehör : Wassereimer, 2-teilig

Kennung : © Ferrero 1991
Marktwert : 3,- DM
Info : 13-teilig, steckbar

Serie 20

Bugs Bunny, Sylvester and Friends (1991)

20 Figuren "Surprise"

Sylvester mit Schaufel

Varianten : keine

Zubehör : Augenaufkleber

Kennung : k92n.194 © WARNER BROS
Marktwert : 10,- DM
Info : 6-teilig, steckbar
Orig. Beipackzettel: 10,- DM

Sylvester mit Besen

Varianten : keine

Zubehör : Augenaufkleber

Kennung : k92n.195 © WARNER BROS
Marktwert : 10,- DM
Info : 6-teilig, steckbar

Sylvester mit Messer und Gabel

Varianten : keine

Zubehör : Augenaufkleber

Kennung : k92n.196 © WARNER BROS
Marktwert : 10,- DM
Info : 8-teilig, steckbar

Sylvester m. Fliegenklatsche u. Sack

Varianten : keine

Zubehör : Augenaufkleber

Kennung : k92n.197 © WARNER BROS
Marktwert : 10,- DM
Info : 8-teilig, steckbar

Tweety mit Sylvester auf Bildtafel

Varianten : Tafel in grau oder rot

Zubehör : Tafel mit Aufkleber, 3-teilig; Augenaufkleber
Kennung : k92n.198 © WARNER BROS
Marktwert : 20,- DM
Info : 4-teilig, steckbar

Tweety mit Warndreieck

Varianten : Schild in grau oder rot

Zubehör : Schild mit Aufkleber, 2-teilig; Augenaufkleber
Kennung : k92n.199 © WARNER BROS
Marktwert : 20,- DM
Info : 4-teilig, steckbar

Tweety mit Wippe

Varianten : Wippe in blau oder grün

Zubehör : Wippe 2-teilig; Augenaufkleber
Kennung : k92n.200 © WARNER BROS
Marktwert : 20,- DM
Info : 4-teilig, steckbar

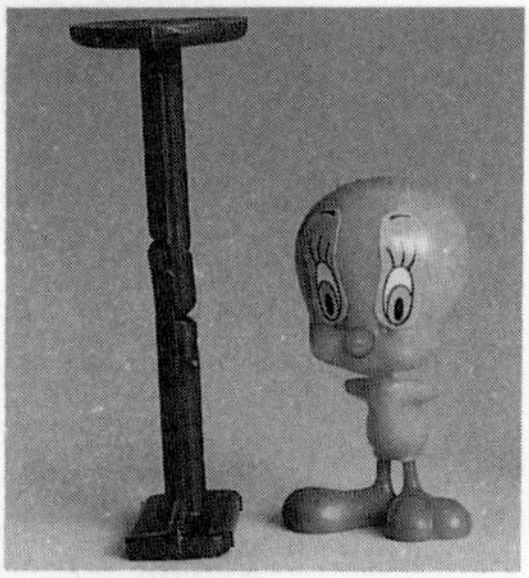

Tweety auf Aussichtsplattform

Varianten : Ständer in blau oder grün

Zubehör : Ständer 2-teilig; Augenaufkleber
Kennung : k92n.201 © WARNER BROS
Marktwert : 20,- DM
Info : 4-teilig, steckbar

Sylvester jr. mit Buch

Varianten : keine

Zubehör : Buchaufkleber; Augenaufkleber
Kennung : k92n.202 © WARNER BROS
Marktwert : 10,- DM
Info : 5-teilig, steckbar

Sylvester jr. mit Lupe

Varianten : keine

Zubehör : Lupenaufkleber; Augenaufkleber
Kennung : k92n.203 © WARNER BROS
Marktwert : 10,- DM
Info : 5-teilig, steckbar

Bugs Bunny mit Gitarre

Varianten : keine

Zubehör : Ohrenaufkleber; Augenaufkleber
Kennung : k92n.204 © WARNER BROS
Marktwert : 10,- DM
Info : 5-teilig, steckbar

Bugs Bunny mit Tennisschläger

Varianten : keine

Zubehör : Ohrenaufkleber; Augenaufkleber
Kennung : k92n.205 © WARNER BROS
Marktwert : 10,- DM
Info : 5-teilig, steckbar

Wile E. Coyote mit Fernrohr

Varianten : keine

Zubehör : Ohrenaufkleber; Augenaufkleber
Kennung : k92n.206 © WARNER BROS
Marktwert : 10,- DM
Info : 7-teilig, steckbar

Wile E. Coyote mit Dynamitstange

Varianten : keine

Zubehör : Ohrenaufkleber; Augenaufkleber
Kennung : k92n.207 © WARNER BROS
Marktwert : 10,- DM
Info : 7-teilig, steckbar

Road Runner, aufrechter Schwanz

Varianten : keine

Zubehör : Augenaufkleber

Kennung : k92n.208 © WARNER BROS
Marktwert : 10,- DM
Info : 6-teilig, steckbar

Road Runner, gestreckter Schwanz

Varianten : keine

Zubehör : Augenaufkleber

Kennung : k92n.209 © WARNER BROS
Marktwert : 10,- DM
Info : 6-teilig, steckbar

Daffy Duck, Hände an den Hüften

Varianten : keine

Zubehör : Halsaufkleber; Augenaufkleber
Kennung : k92n.210 © WARNER BROS
Marktwert : 10,- DM
Info : 4-teilig, steckbar

Daffy Duck, erhobener Zeigefinger

Varianten : keine

Zubehör : Halsaufkleber; Augenaufkleber
Kennung : k92n.211 © WARNER BROS
Marktwert : 10,- DM
Info : 4-teilig, steckbar

Speedy Gonzales, Hände ausgestr.

Varianten : keine

Zubehör : Ohrenaufkleber; Halstuch-aufkleber; Augenaufkleber
Kennung : k92n.212 © WARNER BROS
Marktwert : 15,- DM
Info : 7-teilig, steckbar

Speedy Gonzales, ausgestr. Finger

Varianten : keine

Zubehör : Ohrenaufkleber; Halstuch-aufkleber; Augenaufkleber
Kennung : k92n.213 © WARNER BROS
Marktwert : 15,- DM
Info : 7-teilig, steckbar

Serie 21

Die Indianer vom Schlangenfluß (1992)

10 Figuren "Überraschung"

Kundschafter

Varianten : keine

Zubehör : Speer mit Feder; Aufkleber für Jacke und 2 x Hose
Kennung : © Ferrero
Marktwert : 2,- DM
Info : 13-teilig, steckbar
Orig. Beipackzettel: 0,50 DM

Medizinmann

Varianten : 3 Federn in rot, gelb o. weiß; Kopfschmuck hell o. dunkelbraun; Hosen ocker o. rot; Schuhe in ocker o. hellbraun; Jacke in oliv oder hellbraun
Zubehör : Tasche in orange o. violett; Aufkleber Jacke u. 2 x Hose
Kennung : © Ferrero
Marktwert : 2,- DM (13-teilig, steckbar)

Wächter

Varianten : 2 Federn in rot oder gelb
Zubehör : Tomahawk und Schild mit Aufklebern; Aufkleber für Jacke und 2 x Hose
Kennung : © Ferrero
Marktwert : 2,- DM
Info : 14-teilig, steckbar

Tänzer

Varianten : Feder rot o. weiß; Kopfschm. orange o. lila; Trommel, Hose Schuhe, Jacke, Ärmel in ocker o. hellbraun, Trommelfeder in gelb, weiß o. rot
Zubehör : Trommel mit Federschmuck und verschiedenen Aufklebern
Kennung : © Ferrero
Marktwert : 2,- DM (14-teilig, steckbar)

Totempfahl

Varianten : keine
Zubehör : ohne
Kennung : © Ferrero
Marktwert : 1,- DM
Info :

Häuptling

Varianten :

Zubehör : Friedenspfeife m. Feder; Aufkleber für Jacke und 2 x Hose
Kennung : © Ferrero
Marktwert : 2,- DM
Info : 13-teilig, steckbar

Jäger

Varianten :

Zubehör : Gewehr; Aufkleber für Jacke und 2 x Hose
Kennung : © Ferrero
Marktwert : 2,- DM
Info : 14-teilig, steckbar

Squaw mit Baby

Varianten : Kleid oliv oder ocker; 2 Federn weiß oder rot; Haarreifen und Babytasche orange oder violett
Zubehör : Tragegestell mit Baby und Tasche; Aufkleber für Rock
Kennung : © Ferrero
Marktwert : 2,- DM
Info : 15-teilig, steckbar

Squaw mit Webrahmcn

Varianten : 1 Feder in rot oder gelb

Zubehör : Webrahmen mit 2 Aufklebern; Aufkleber für Rock
Kennung : © Ferrero
Marktwert : 2,- DM
Info : -teilig, steckbar

Jägerin

Varianten : Feder gelb o. weiß; Haarreifen orange o. violett; Hose ocker o. hellbraun; Schuhe ocker o. dunkelbraun; Pfeil u. Bogen hell- oder dunkelbraun
Zubehör : Pfeil u. Bogen; Aufkleber für Jacke und 2 x Hose
Kennung : © Ferrero
Marktwert : 2,- DM

Serie 22

Popeye und seine Freunde

(1992)

25 Figuren "Surprise"

Popeye mit Spinattopf

Varianten :

Zubehör : Aufkleber für Spinattopf und 3 Knöpfe; Augenaufkleber
Kennung : k92n.228 © KFS
Marktwert : 10,- DM
Info : 8-teilig, steckbar
Orig. Beipackzettel: 5,- DM

Popeye mit Hantel

Varianten : Hantel in gelb, grün oder rot

Zubehör : Hantel; Aufkleber für 3 Knöpfe; Augenaufkleber
Kennung : k92n.229 © KFS
Marktwert : 10,- DM
Info : 8-teilig, steckbar

Popeye mit Degen

Varianten : Degen in rot oder gelb

Zubehör : Degen; Aufkleber für 3 Knöpfe; Augenaufkleber
Kennung : k92n.230 © KFS
Marktwert : 10,- DM
Info : 8-teilig, steckbar

Popeye mit Boxhandschuhen

Varianten : Boxhandschuhe in rot oder orange

Zubehör : Boxhandschuhe; Aufkleber für 3 Knöpfe; Augenaufkleber
Kennung : k92n.231 © KFS
Marktwert : 10,- DM
Info : 8-teilig, steckbar

Popeye mit Tennisschläger

Varianten : Tennisschläger in rot oder grün

Zubehör : Tennisschläger; Aufkleber für 3 Knöpfe; Augenaufkleber
Kennung : k92n.232 © KFS
Marktwert : 10,- DM
Info : 8-teilig, steckbar

Olive Oyl mit Besen

Varianten : keine

Zubehör : Aufkleber für Augen und Kragen
Kennung : k92n.233 © KFS
Marktwert : 8,- DM
Info : 6-teilig, steckbar

Olive Oyl mit Nudelholz

Varianten : keine

Zubehör : Aufkleber für Augen und Kragen
Kennung : k92n.234 © KFS
Marktwert : 8,- DM
Info : 6-teilig, steckbar

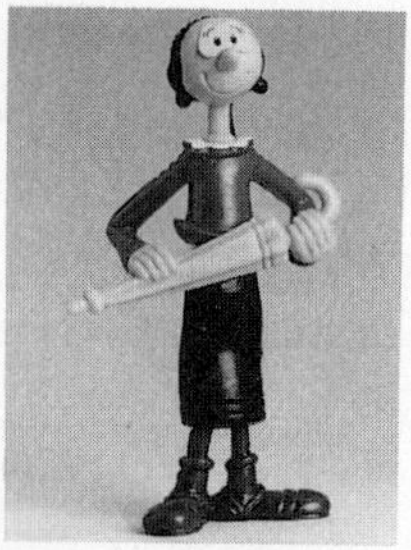

Olive Oyl mit Schirm

Varianten : keine

Zubehör : Aufkleber für Augen und Kragen
Kennung : k92n.235 © KFS
Marktwert : 8,- DM
Info : 6-teilig, steckbar

Olive Oyl mit Kochlöffel

Varianten : keine

Zubehör : Aufkleber für Augen und Kragen
Kennung : k92n.236 © KFS
Marktwert : 8,- DM
Info : 6-teilig, steckbar

Olive Oyl mit Medaille

Varianten : keine

Zubehör : Aufkleber für Augen, Kragen und Medaille
Kennung : k92n.237 © KFS
Marktwert : 8,- DM
Info : 6-teilig, steckbar

Olive Oyl mit Tennisschläger

Varianten : keine

Zubehör : Aufkleber für Augen und Kragen
Kennung : k92n.238 © KFS
Marktwert : 8,- DM
Info : 6-teilig, steckbar

Olive Oyl mit Degen

Varianten : keine

Zubehör : Aufkleber für Augen und Kragen
Kennung : k92n.239 © KFS
Marktwert : 8,- DM
Info : 6-teilig, steckbar

Olive Oyl, Schreibtafel u. Stoppuhr

Varianten : keine

Zubehör : Aufkleber für Augen, Kragen, Stoppuhr, 2 x Tafel
Kennung : k92n.240 © KFS
Marktwert : 8,- DM
Info : 6-teilig, steckbar

Brutus mit Keule

Varianten : Keule in gelb oder orange

Zubehör : Keule; Aufkleber für Augen und Zähne
Kennung : k92n.241 © KFS
Marktwert : 15,- DM
Info : 7-teilig, steckbar

Brutus mit Boxhandschuhen

Varianten :

Zubehör : Boxhandschuhe; Aufkleber für Augen und Zähne
Kennung : k92n.242 © KFS
Marktwert : 15,- DM
Info : 7-teilig, steckbar

Brutus mit Degen

Varianten :

Zubehör : Degen; Aufkleber für Augen und Zähne
Kennung : k92n.243 © KFS
Marktwert : 15,- DM
Info : 7-teilig, steckbar

Brutus mit Hantel

Varianten : Hantel in gelb oder orange

Zubehör : Hantel; Aufkleber für Augen und Zähne
Kennung : k92n.244 © KFS
Marktwert : 15,- DM
Info : 7-teilig, steckbar

Wimpy mit Aktentasche

Varianten :

Zubehör : Aufkleber für Augen und Hemd
Kennung : k92n.245 © KFS
Marktwert : 15,- DM
Info : 6-teilig, steckbar

Wimpy mit Videokamera

Varianten :

Zubehör : Aufkleber für Augen und Hemd
Kennung : k92n.246 © KFS
Marktwert : 15,- DM
Info : 6-teilig, steckbar

Figur lag bei Redaktionsschluß noch nicht vor

Wimpy mit Fotoapparat

Varianten :

Zubehör : Aufkleber für Augen, Hemd und Fotoapparat
Kennung : k92n.247 © KFS
Marktwert : 15,- DM
Info : 6-teilig, steckbar

Wimpy mit Tafel und Stoppuhr

Varianten :

Zubehör : Aufkleber für Augen, Hemd, Stoppuhr, 2 x Tafel
Kennung : k92n.248 © KFS
Marktwert : 15,- DM
Info : 6-teilig, steckbar

Poopdeck Pappy mit Flasche

Varianten :

Zubehör : Aufkleber für Augen, 3 Knöpfe, 2 x Flasche
Kennung : k92n.249 © KFS
Marktwert : 12,- DM
Info : 8-teilig, steckbar

Poopdeck Pappy mit Fackel

Varianten :

Zubehör : Aufkleber für Augen, 3 Knöpfe, 3 x Fackel
Kennung : k92n.250 © KFS
Marktwert : 12,- DM
Info : 8-teilig, steckbar

Swee'Pea Schaufel

Varianten :

Zubehör : Aufkleber für Augen, 2 x Tafel
Kennung : k92n.251 © KFS
Marktwert : 12,- DM
Info : 4-teilig, steckbar

Swee'Pea mit Fähnchen

Varianten :

Zubehör : Aufkleber für Augen, 2 x Fahne
Kennung : k92n.252 © KFS
Marktwert : 12,- DM
Info : 4-teilig, steckbar

Serie 23

Tom und Jerry

(1992)

12 Figuren "Su, So, Ov"

Tom als Musketier

Varianten : Musketierhut in blau oder rot

Zubehör : Papierumhang; Federaufkleber auf Hut; Augenaufkleber
Kennung : k93n.47 © TURNER
Marktwert : 15,- DM
Info : 8-teilig, steckbar
Orig. Beipackzettel: 5,- DM

Tom als Farmer

Varianten : Strohhut in grün oder gelb

Zubehör : Augenaufkleber

Kennung : k93n.48 © TURNER
Marktwert : 12,- DM
Info : 8-teilig, steckbar

Tom als Steuermann

Varianten : Seemannshut in grün oder gelb

Zubehör : Augenaufkleber

Kennung : k93n.49 © TURNER
Marktwert : 12,- DM
Info : 8-teilig, steckbar

Tom auf Safari

Varianten : Tropenhelm in blau oder rot

Zubehör : Augenaufkleber

Kennung : k93n.50 © TURNER
Marktwert : 12,- DM
Info : 8-teilig, steckbar

Jerry als Musketier

Varianten : Musketierhut und Degen in grün oder blau

Zubehör : Degen; Papierumhang; Ohren- Feder- und Augenaufkleber
Kennung : k93n.51 © TURNER
Marktwert : 20,- DM
Info : 6-teilig, steckbar

Jerry als Farmer

Varianten : Strohhut und Forke in gelb oder rot

Zubehör : Forke; Ohrenaufkleber; Augenaufkleber
Kennung : k93n.53 © TURNER
Marktwert : 12,- DM
Info : 6-teilig, steckbar

Jerry als Angler

Varianten : Seemannshut und Angel in grün oder blau

Zubehör : Angel; Ohrenaufkleber; Augenaufkleber
Kennung : k93n.53 © TURNER
Marktwert : 12,- DM
Info : 6-teilig, steckbar

Jerry als Trapper

Varianten : Fellmütze und Tomahawk in gelb oder rot

Zubehör : Tomahawk; Ohrenaufkleber; Augenaufkleber
Kennung : k93n.54 © TURNER
Marktwert : 12,- DM
Info : 6-teilig, steckbar

Quaker

Varianten : keine

Zubehör : Augenaufkleber

Kennung : k93n.55 © TURNER
Marktwert : 15,- DM
Info : 4-teilig, steckbar

Spike

Varianten : keine

Zubehör : Augenaufkleber

Kennung : k93n.56 © TURNER
Marktwert : 15,- DM
Info : 5-teilig, steckbar
mit grünem Halsring

Tyke

Varianten : keine

Zubehör : Augenaufkleber

Kennung : k93n.57 © TURNER
Marktwert : 15,- DM
Info : 5-teilig, steckbar
mit blauem Halsring

Tuffy

Varianten : keine

Zubehör : Ohrenaufkleber;
Augenaufkleber
Kennung : k93n.58 © TURNER
Marktwert : 15,- DM
Info : 5-teilig, steckbar

Figur lag bei Redaktionsschluß noch nicht vor

Figur lag bei Redaktionsschluß noch nicht vor

Figur lag bei Redaktionsschluß noch nicht vor

Serie 24

Peanuts (1993)

12 Figuren "Su, So, Ov"

Snoopy als Baseballspieler

Varianten : nicht bekannt

Zubehör : Baseballschläger, Aukleber für Rücken
Kennung : © UFS 58-66 k94n.37
Marktwert : 4,- DM
Info : 4-teilig, steckbar
Orig. Beipackzettel: 2,- DM

Snoopy als Tennisspieler

Varianten : nicht bekannt

Zubehör : Tennisschläger, Aufkleber für Rücken
Kennung : © UFS 58-66 k94n.36
Marktwert : 4,- DM
Info : 4-teilig, steckbar

Snoopy als Angler

Varianten : nicht bekannt

Zubehör : Angel; Aufkleber für Rücken

Kennung : © UFS 58-66 k94n.38
Marktwert : 4,- DM
Info : 4-teilig, steckbar

Snoopy als Banjospieler

Varianten : nicht bekannt

Zubehör : Banjo; Aufkleber für Rücken

Kennung : © UFS 58-66 k94n.39
Marktwert : 4,- DM
Info : 4-teilig, steckbar

Figur lag bei Redaktionsschluß noch nicht vor

Snoopy als Maler

Varianten :

Zubehör : Aufkleber für Fliege und 2 x Pinsel
Kennung : © UFS 58-66 k94n.41
Marktwert : 4,- DM
Info : 6-teilig, steckbar
Jacke in violett, Fliege in hellblau

Snoopy als Detektiv

Varianten :

Zubehör : Aufkleber für Fliege und 2 x Lupe
Kennung : © UFS 58-66 k94n.40
Marktwert : 4,- DM
Info : 6-teilig, steckbar
Jacke in rot, Fliege in gelb

Figur lag bei Redaktionsschluß noch nicht vor

Charly Brown als Baseballspieler

Varianten : nicht bekannt

Zubehör : Baseballschläger; 2 Aufkleber für Hemd
Kennung : © UFS 50-66 k94n.33
Marktwert : 4,- DM
Info : 6-teilig, steckbar

Figur lag bei Redaktionsschluß noch nicht vor

Figur lag bei Redaktionsschluß noch nicht vor

Figur lag bei Redaktionsschluß noch nicht vor

Figur lag bei Redaktionsschluß noch nicht vor

Figur lag bei Redaktionsschluß noch nicht vor

Charly Brown als Tennisspieler

Varianten : nicht bekannt

Zubehör : Tennisschläger; 2 Aufkleber für Hemd
Kennung : © UFS 50-66 k94n.32
Marktwert : 4,- DM
Info : 6-teilig, steckbar

Linus van Pelt mit Decke

Varianten : nicht bekannt

Zubehör : Decke

Kennung : © UFS 52-66 k94n.35
Marktwert : 4,- DM
Info : 5-teilig, steckbar

Linus van Pelt als Angler

Varianten : nicht bekannt

Zubehör : Angel

Kennung : © UFS 52-66 k94n.34
Marktwert : 4,- DM
Info : 5-teilig, steckbar

Lucy

Varianten : nicht bekannt

Zubehör : nicht bekannt

Kennung : nicht bekannt
Marktwert : 4,- DM
Info :

Woodstock

Varianten : nicht bekannt

Zubehör : nicht bekannt

Kennung : nicht bekannt
Marktwert : 4,- DM
Info :

Figur lag bei
Redaktionsschluß
noch nicht vor

Diverses Spielzeug aus deutschen Überraschungseiern

Spielzeuge dieser Art sind im Katalog nicht im Einzelnen aufgeführt. Hier handelt es sich um ein eigenes großes Sammelgebiet. Die große Anzahl der Redaktion bekannten verschiedenen Objekte, würden einen ganzen Katalog füllen. Wir zeigen hier nur einen kleinen Querschnitt verschiedener Spielzeuge der vergangenen zwei Jahre. Sammlerwerte für diese Miniaturen festzulegen ist momentan noch nicht möglich, da die Nachfrage nach Spielzeugen noch sehr gering ist.

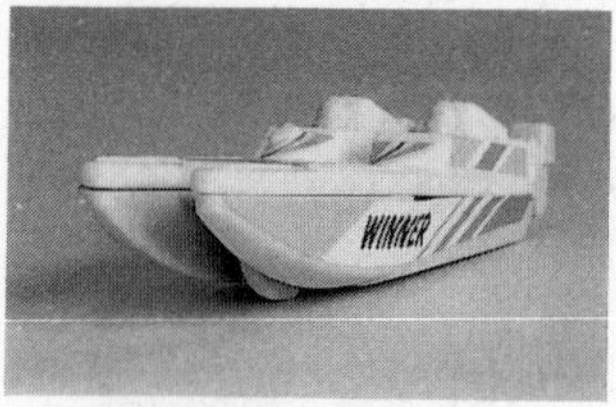

Diverses Spielzeug aus ausländischen Überraschungseiern

Auch diese Spielzeuge aus dem Ausland sind im Katalog nicht einzeln aufgeführt. Ebenfalls kann man mit diesen Objekten ein ganzes Nachschlagewerk füllen. Für Spielzeuge dieser Art ist die Bestimmung der Marktwerte, aufgrund des geringen Angebotes auf den Börsen, noch nicht möglich.
Aus diesem Bereich einige, typische Abbildungen:

Diverse Guckkästchen aus Überraschungseiern

Zu vielen Serien wurden sogenannte Guckkästchen produziert. Sie sind in verschiedenen Ausführungen bekannt.
Durch eine winzige Vergrößerungslinse betrachtet man im Inneren aufgeklebte Bildchen verschiedener Serien. Hier sind nur einige Beispiele aufgeführt. Viele dieser Spielzeuge haben einen Marktwert zwischen 6,- und 10,- DM.Seltene Objekte werden allerdings zu Liebhaberpreisen gehandelt.

Guckdosen:
Robin Hood Nr.4
Robin Hood Nr.5
(1986)

Guckkästen (klein):
Bernhard & Bianca
Nr.1 und Nr.2

Guckkästen (groß):
Tapsi Törtels - SOS am Wasserfall
Happy Hippos - Der Eisheilige
(1986)

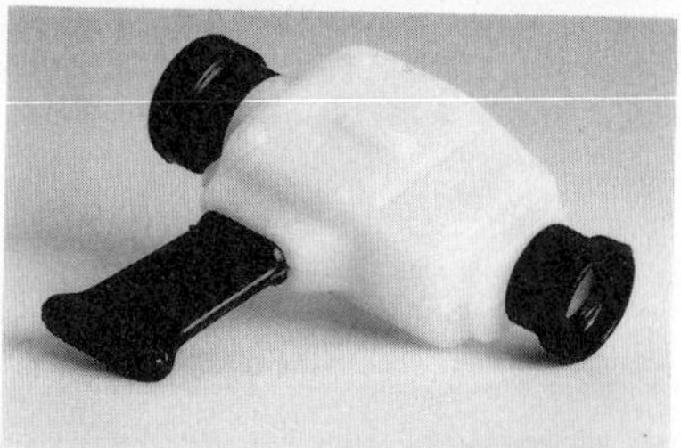

Videokameras mit Griff:
Daniel Düsentrieb & Onkel Dagobert '86
Das Picknick '86
Donalds Traum '86
Donald und das Zauberkissen '86
Weltraum '87
Micky und seine tollen Freunde '89

Videokameras mit Kurbel:
Happy Hippos Fitneß Club 1990
Törtel Eiland 1991
Die Kroko Schule 1991

Fernseher:
Asterix 1990

Spielzeuge und Werbemittel aller Art

Werbeobjekte, Geduldsspiele mit magischen Spiegeln, Setzkästen, Faltpapierhäuser, Tripacks, Advendskalender usw. . .

Diese und viele andere Dinge aus dem Überraschungseier-Bereich werden von einigen Liebhabern gesammelt. Sehr gefragt sind natürlich die Geduldsspiele mit den magischen Spiegeln. Aber auch die Ferrero-Überraschungspost, Zauberkästen, Hütchenaufkleber, Tischkarten und Quartett-Kartenspiele gehören zum erweiterten Sammelgebiet. Wertangaben sind hier noch nicht im Einzelnen möglich.

Werbemittel:

Aufblasbares Überraschungsei

Vollgummi-Überraschungsei mit Scanner-Code

Überraschungsei-Auto für Dekozwecke

Kataloge - Kunstdrucke - Telefonkarten

2 Telefonkarten
Zwei K-Karten mit farbigen Illustrationen zu Sammelthemen.
Auflage jeweils 2.000 St.
Preis: 69,- DM (Set)

1.Welz Katalog
Email-Reklameschilder
1991/92 (Wertangaben)
Eine Auswahl von 800 Schildern auf 226 Seiten.
Preis: 26,80 DM

Kunstdruck
Reklame-Kinder
Eine handsignierte Air-Brush Illustration in Farbe. Aufl.: 500 St.
Preis: 24,- DM

2.Welz Katalog
Email-Reklameschilder
1993 (Wertangaben)
Eine Auswahl von 2.400 Schildern auf 356 Seiten.
400 Emailplakate in Farbe.
Preis: 34,80 DM

Bestellungen bitte gegen Vorkasse (z.B. Scheck o. Nachnahme plus 9,- DM) an:
Volker Welz
Bartlingstraße 4 - 45307 Essen